保育の思想を学ぼう
― 今、子どもの幸せのために
～ルソー、ペスタロッチー、オーエン、フレーベルたちの跡を継いで～

岡本 富郎

萌文書林
Houbunshorin

はじめに

　この本のタイトル「保育の思想を学ぼう― 今、子どもの幸せのために～ルソー、ペスタロッチー、オーエン、フレーベルたちの跡を継いで～」は難しそうではないですか？　そこで、最初に、このタイトルの難しそうな本をなぜ出版するのかということについて書きたいと思います。

　私は40年間、保育士、幼稚園教員の養成に携わってきました。その間、保育園、幼稚園の先生たちと学習会をし、保護者の子育て相談を毎月行ってきました。私の専門は、保育学、幼児教育学、教育学です。現在は、「生命教育学」を模索しています。

　学生時代、大学院時代にはスイスの教育実践家、教育思想家のペスタロッチーを学びました。ペスタロッチーは、18世紀のスイスの混乱している中で、民衆の子どもたちの幸せを必死に求め、行動した「教育の神様」といわれる人です。私は、このペスタロッチーの影響を受けて、私なりに保育者（保育士と幼稚園教員を以下「保育者」と呼びます）養成に取り組んできました。

　その私からみた保育者養成にとって基本的に重要な内容を、今回は書くことにします。たしかに保育者養成のための教科書は多様に出版されています。しかし、これまで保育者養成を意識した「保育思想」の本はほとんど出ていないように思います。現在、子どもの生活自体や、また実際の保育実践を土台にして臨床的な保育のあり方を探ろうとする動きがあります。この研究のあり方も大切です。しかし、そこには、やはり、人間としての子どもの幸せ、育ちの意味の探求が足りないように思えます。また私は、子どもを人間として捉え、かつ社会との関係を論じる作業が不可欠だと思います。

　本書はそのような私の意識に基づいて書かれました。主な内容として「今、乳幼児について何を考えたらよいか」を基本に据えています。というよりむしろ、大人が考える以前に、子どもは私たち大人に、自分たちのことをよく知ってほしいと願っていることを認識しておきたいと思います。その

ことを前提にして、果たして「子どもは生まれてきて幸せなのだろうか」ということと、「子どもの育ち方」をどう考えたらよいかを巡って考えたいと思います。その時に、私たちは今後の人類の行く末をも射程に入れて考えなければなりません。地球の限られた資源、自然破壊等の環境問題、地球の健康、原子力発電、経済の成長等をも、子どもの幸せと育ちのために考えなければならないと強く思います。

　各章に選んだテーマは、現在の保育を考える際に、私なりに重要だと考えた内容を取り上げました。これらの内容についての私の考えを先ず書き、その後にテーマに関わる保育思想家の考えを書くことにします。サブテーマとして「ルソー、ペスタロッチー、オーエン、フレーベルたちの跡を継いで」とした理由は、保育思想家の考えを単に紹介することよりも、保育思想家たちが、かつて「生きている子どもたちの幸せ」を願ったその思いを継いで、今実現したいからです。皆さんと一緒に子どもの幸せを、現代のこの時代に実現したいからです。

　この本では、保育思想家たちの考えを当時の時代、社会の背景を意識して書いています。その理由は、子どもたちの幸せを現在の時代、社会との関係で追求したいからなのです。18世紀の時代、社会背景には存在しなかった現在の問題を考え、子どもたちの幸せを今実現したいからです。今生きている子どもたち、そしてこれから生まれてくる子どもたちの真の幸せのために、子どもたちのつぶらな瞳に応える一人となって考えたことを、わかりやすく書いたつもりです。

　そこで、もう一つのことをいいたいと思います。それは、保育思想家の考えを網羅的に紹介することはしないということです。あくまでも保育思想家の考えを、内容を限定して深く考えたいと思うからです。また、今回は日本の保育を考え、進めた人、たとえば倉橋惣三たちを取り上げませんでした。理由は、世界が混迷した時代、社会の中で、最初に幼稚園、保育園、学校を組織的に創設した人を取り上げたほうがよいと思ったからです。

　学生の皆さんには、出来る限り優しい言葉を使って、一緒に子どもたち

の幸せを担う仲間のつもりで書きましたので、ゆっくり読んで考えていただければうれしく思います。21世紀に入って早くも14年目を迎えましたが、日本や世界が今後どのように進むかは不透明です。しかし、これまでたどってきた、金、物、競争中心の生き方、自己中心の生き方を改める時がすでに来ていると思います。一部の金持ちが心地よい思いをして、貧しく弱い人が苦しい思いをして暮らす、そのような中で育つ子どもたちが幸せになるとは到底思えません。

便利で快適な暮らし方をじっくり見つめなおして、世界の人たちが、ゆっくり「助け合って生きる」ことが出来る世界を目指したいのです。そのことが子どもたちから今問われていると思うのです。

簡単に、各章の内容を紹介しておきましょう。

1章は保育思想家について紹介します。過去多く存在した保育思想家の中から、なぜ、ルソー、ペスタロッチー、オーエン、フレーベルを取り上げたかを先ず書きました。その際に簡単にこの4人が生きた時代と社会背景、そして彼らの生涯と簡単な思想の概要を紹介しました。後の章で彼らの保育思想を読む時に理解するために役立ててほしいと思います。

2章は、「子どもの幸せを考える」です。わが国の子どもたちの生活を見る時、心からの笑顔を見ることが少なくなってきたように思います。発達、成長という言葉で保育や教育が行われていますが、それらの実践が子どもたちの人生と幸せにどのように結びつくのかが、あまり議論されていないように思うからです。

3章は、「子どもが育つとはどういうことか」というテーマを掲げました。育ちそのものが、誰のためなのか、何のためなのかが深く問われないままに、発達、成長という言葉できれいに包まれていて、実は子どもの発達、成長が経済の発展のためであるということが、きちんと指摘されていないことを憂えたからです。

4章は、「子どもにとって自然とは何か」という問題を取り上げました。わが国の子どもたちは、自然の中で遊んだり、自然と関わる体験が少なく

なってきています。子どもだけではなく、人間は、自然の恩恵を受けて、自然によって生かされていることを、われわれはあまりにも考えなさ過ぎます。そもそも人間も自然の一部です。太陽、空、空気、土、草や木や花、鳥や虫たちが存在しなければ、人間は生きることが出来ません。これからの子どもたちは、自然を大切にし、自然と友だちになって生きてほしいという思いです。

　そして、自然の一部である子どもはいのちある存在です。その子どもも、人生のいつの時か、必ず死にます。生まれてすぐか、または何らかのことが原因で幼児期に死ぬこともあるでしょう。そして大きくなってから死ぬこともあります。いつ死ぬかはわかりませんが、死は必ずやってきます。そのことを大人であるわれわれは、子どもたちに伝える必要があります。一緒に生きて、それぞれは一人で死ぬ。この厳粛な事実を考えたいと思います。

　東日本大震災後に「いのち」を大切にする保育、教育のあり方は真剣に考えられるようになったのでしょうか。否、です。学校教育においても、いじめられて自殺をしたという報道がなされると、いじめの専門家を学校におくとか、いじめた子どもを転校させるとか、うわべだけの対策しか出てきません。根本的に保育も学校教育も、いのちを大切にする方向に変わらなければ、いじめはずっと続くのです。

　この章では、子どもが自然の中でいのちを体験的に学ぶことの必要性を私の体験を含めて書きました。

　5章は「助け合いと希望」です。家族も、友だちも、地域も、社会も、国も、世界もみんな助け合って生きていくようになればよいと思います。そのことを大切にする人間になるように育ってもらいたいと思います。東日本大震災が起きた時、世界から助けの手が届きました。しかし、時が経つと、国内でも、助け合いの声は徐々に小さくなってきています。震災の前と同じように、大騒ぎをして笑って楽しく、金、物、便利さを中心にした生活は何ら変わっていません。

そして、この章では「希望」と「祈り」について書いています。私は、どのような状況の中でも、人間は「希望」があれば生きていくことが出来るという考え方を持っています。また、心の中で自分のため、また、他の人のために祈るという行為が日本には足りないと思っています。祈りは見えない、抽象的な行為ですが、心の中でじっと自分や人のために祈る行為は、実際の行動に繋がると思います。心の中で他の人のために祈るという行為自体が素晴らしいことだと思うのです。

　以上が各章の概要です。少し難しいところもあるかもしれませんが、じっくり読んで子どもの真の幸せと、日本のよりよい今後のあり方に繋げていくことが出来れば幸いです。

　ところで、この本のタイトルは「保育の思想を学ぼう ─ 今、子どもの幸せのために〜ルソー、ペスタロッチー、オーエン、フレーベルたちの跡を継いで〜」となっています。「保育」についての考えは、他の「保育学」等の科目で学ぶことが出来るので、ここでは省略します。そこで、ここでは、「思想」という用語を簡単に説明したいと思います。吉本隆明という著名な思想家は「思想」は政治や宗教のように固まったイデオロギー的な考えではない、と説いています。そして思想は単なる主観ではなく、イデオロギーと主観の中間的な考えである、と自らの考えを表現しています。しかもその中間的な考えの内容は「徹底して考え抜かれたものでなければならない」と言っています。「思想」というからには一つのことを他の事柄との関連で考え抜いた内容でなくてはならない、と言うのです。私がこの本に書く内容が「考え抜かれた内容」であるか否かについては自信はないのですが、私が拙いなりに考えてきた内容を今の時点で表したいと思います。

　子どもにとってよい保育者になるためには、保育にとって子どもの真の幸せと育ちが何であるかを理解しなければなりません。現在の保育は、子どもの幸せと育ちをどう考えて実践されているのでしょうか。子どもの発達は、労働者になるためにあるのではありません。保育にとっては、子どもが、世界を、生きることを味わうために、人間として生成、変容するこ

とが大切なのです。その人間としての生成、変容が子どもの幸せに繋がるのだと思うのです。

　最後にお読みくださる方に前もってお断りしておきたいことがあります。本書で引用した本や参考にした本は巻末に記載し、引用した文についての頁箇所等の注書きはしませんでした。その理由は、本書が、テキストであって学術書ではないこと、また、引用について逐一書くと読みにくいと判断したためです。さらに深く知りたい方は保育思想家が書いた本を直接手にとってお読みくださることをお勧めします。

2014 年 10 月　　著者

目　次

1章　保育思想家の紹介 ……………………………………… 1

1節　過去の保育思想家とその中から4人を選んだ理由 …………… 1
過去の保育思想家、ルソー，ペスタロッチー，オーエン，フレーベルを選んだ理由

2節　ルソー ……………………………………………………… 3
時代背景、ルソーの生涯、ルソーの保育・教育思想の概要

3節　ペスタロッチー …………………………………………… 8
時代背景、ペスタロッチーの生涯、ペスタロッチーの保育・教育思想の概要

4節　オーエン …………………………………………………… 13
時代背景、オーエンの生涯、オーエンの保育・教育思想の概要

5節　フレーベル ………………………………………………… 16
時代背景、フレーベルの生涯、フレーベルの保育・教育思想の概要

2章　子どもの幸せを考える ………………………………… 22

1節　なぜ子どもの幸せを考えるのか …………………………… 22
大人の責任として考える、現実の子どもが幸せを考えることを訴えている、人間存在としての子どもの幸せについて考えたい、今の子どもの幸せと社会の将来

2節　幸せについての考え方 ……………………………………… 27
いろいろな幸せの考え方がある、幸福度（GNH）、今の幸せと将来の幸せ、産業・経済社会の発展と子どもの幸せ

3節　今の子どもは幸せなのだろうか …………………………… 31
子どもの幸せの考え方、子どもの生活の現実、子どもの家庭生活の現状、社会と子どもの生活、園生活と子どもの幸せ、今の子どもは幸せか

4節　どうしたら幸せになれるだろうか ……………………… 39
　　　　幸せは幸せ観による、私の幸せ観、子どもの存在自体を理解してもら
　　　　うこと、家族の温かさに包まれること、生活の仕方を教えてもらえる
　　　　こと、保育園、幼稚園のあり方、子どもの幸せと社会・国家・価値観
　　　　・近代の見直し・資本主義の見直し、贈与と交換と幸せについて
　5節　保育思想家の幸せ観 ……………………………………… 48
　　　　ルソーの幸せ観、ペスタロッチーの幸せ観、オーエンの幸せ観、フレー
　　　　ベルの幸せ観

3章　子どもが育つとはどういうことか ………………… 73

　1節　子どもの育ち方について …………………………………… 73
　　　　生まれるということ、カリール・ジブランの詩、子どもの特徴と育つ
　　　　ということ、自分で育つことが先、育ちと遊び、育つことと生きること
　2節　今育つことに関わる問題性 ………………………………… 80
　　　　育つことと発達すること、手段としての発達、生成と発達、育つこと
　　　　と幸せ、育つことの今後の課題
　3節　諸外国の子育てを考える …………………………………… 88
　　　　スウェーデンの子育て、オーストラリア先住民アボリジニの子育て、
　　　　アメリカ・インディアンの子育て
　4節　保育思想家の子ども、子育て、子育ての方法の考え方 ……… 97
　　　　ルソー、ペスタロッチー、オーエン、フレーベル

4章　子どもにとって自然とは何か ……………………… 128

　1節　自然と子ども─子どもを取り囲む自然の現実─ …………… 130
　　　　自然の考え方、子どもを取り囲む自然の現実と重要性、子どもの自然
　　　　体験の現実
　2節　自然に包まれ、生かされる子ども ………………………… 136
　　　　自然環境の中での生活の重要性・私の自然体験から、自然の中で育っ
　　　　た子どもの自然に対する認識力、識別力、ピグミー系狩猟採集民の子

どもの自然の中での遊び、アメリカ・インディアンの子どもの自然の中での遊び

3節　自然から学ぶいのちと死 …………………………………… 149
子どもにとっての死、自然からいのちと死を学ぶ、自然から学ぶいのちと死についての私の体験

4節　保育思想家の自然、いのち、死についての考え ………… 154
ルソー、ペスタロッチー、オーエン、フレーベル

5章　「助け合い」と「希望」 …………………………………………… 178

1節　なぜ「助け合い」と「希望」を考えるのか ………………… 178
現代の状況とわれわれの課題、かつて人間は助け合って生きてきた、「助け合い」の歴史と類語、「助け合い」の復活を

2節　子どもが出来る「助け合い」 ………………………………… 185
大人と子ども世界の変化と「助け合い」、困っている人に対する子どもの活動(昭島幼稚園の事例)、世界の子どもたちの「助け合い」の精神から学ぶ

3節　「希望」について ……………………………………………… 188
「希望」の必要性とその意味、自己評価の低い日本の高校生、「希望」とは何か、大人にとって「希望」としての子ども、どうしたら「希望」を持つことが出来るか、「希望」といのち、「希望」と「祈り」の関係について、社会・国家のための祈り、人間は善い存在か、「希望」と「祈り」に対しての深い挑戦状―近代科学の誤った方向性としての原子力発電所の存在―

おわりにかえて ………………………………………………… 206
引用・参考文献 ………………………………………………… 207

1章　保育思想家の紹介

■1節　過去の保育思想家とその中から4人を選んだ理由

(1) 過去の保育思想家

　一般に保育思想家として挙げられる人を先ず紹介しましょう。多くの人はどちらかというと、教育思想家といった方がよいと思います。しかしそうした人も保育に関わることを論じているので、名前を挙げることにします。いうまでもなく、保育と教育とは切り離せない関係にあるので、教育思想家を省くことは正しくありません。

　プラトン（前427-前347）は、ギリシア時代の哲学者です。主に『国家篇』という著書の中で教育の根本を論じています。

　コメニウス（1592-1670）は、現在のチェコの生まれです。『大教授学』『母親学級の指針』『世界図絵』等を書いています。牧師、教育思想家、実践家として活躍した人です。

　ロック（1632-1704）は、イングランド生まれです。『教育に関する若干の考察』を書いています。彼は、健康教育と徳育を重視しました。「子どもの心は白紙である」という言葉は有名です。

　ルソー（1712-1778）、ペスタロッチー（1746-1827）、オーエン（1771-1858）、そしてフレーベル（1782-1852）については、後の箇所で詳しく紹介します。

　エレン・ケイ（1849-1926）は、スウェーデンの文明評論家です。『児童の世紀』という著書があります。20世紀は児童の世紀だと主張した人です。日本の大正期には、大正新教育の基本文献として読まれました。

　モンテッソーリ（1870-1952）は、イタリア生まれの教育家です。『モンテッソーリ・メソッド』『幼児の秘密』『子どもの発見』等の著書があります。

幼児期は感覚期であるとし、感覚運動能力の育成を重視しました。モンテッソーリは、働く母親の子どもを預かって世話をしました。この家は「子どもの家」と名づけられました。彼女は子どもの遊具を「教具」として捉え、感覚能力の育成に用いました。

　デューイ（1859 - 1952）は、アメリカの哲学者、教育学者、社会哲学者、倫理学者、宗教学者です。教育の著書として『民主主義と教育』『学校と社会』があります。「教育とは経験の絶えざる再組織または改造である」という言葉は有名です。

　シュタイナー（1861 - 1925）は、クロアチア生まれの宗教思想家、教育思想家・実践家です。『神智学』『精神科学の観点からみた子どもの教育』『霊学の観点からの子ども』等多くの著書があります。「心霊能力」に基づく神秘主義思想が特徴です。彼が実践した「ヴァルドルフ学校」は有名です。わが国では幼稚園教育で彼の思想が取り入れられ、各地で実践されています。

（2）ルソー、ペスタロッチー、オーエン、フレーベルを選んだ理由

　この本では、18世紀のフランスのルソー、スイスのペスタロッチー、イギリスのオーエン、ドイツのフレーベルの4人を取り上げました。この4人の思想は各章で紹介することにし、ここではこの4人を取り上げた理由を述べましょう。

　先ずルソーは、それまでの保育、教育の思想を根底から変えた人として有名です。子どもは子どもとして人間であることを主張したルソーは、子どもの特徴を知って子どもの成長を邪魔してはいけないことを強調しました。とかく大人は自分の主観的な考えで子どもに接し、子どもに大人の考えを押しつけるのですが、それはいけないことを彼は説いたのです。

　ルソーの思想は、ルソーの後に続くペスタロッチー、オーエン、フレーベルたちやその他の保育思想に大きな影響を与えたので彼を取り上げます。

　ペスタロッチーは、子どもの幸せを願い、最終的には子どもは生きる力を身につけて自立することが幸せに繋がると考え、それは教育によって実

現すると考えました。彼は自分で子どもの学校をつくって実践し、教育方法の諸原理を生み出しました。その方法原理は幼児にも基本的には応用される考えです。その原理を晩年、幼児教育に応用して手紙形式の本を書きました。子どもが幸せになるために自分の人生を賭けて取り組んだ姿から、今多くのことを学ぶことの出来る保育、教育思想家です。

オーエンも子どもの幸せと人間らしい育ちを願って、何をしたらよいかを考えました。彼は後でも述べるように、工場の責任者でしたが、当時工場で幼児が働いていた様子を見て、これはよくないと思い、「性格形成新学院」という教育施設をつくりました。その中に現在のような保育園をつくったのです。小さい保育園のような施設は他にもありましたが、社会状況を憂えて組織的にきちんとつくった保育園として高い評価を得ているので、彼を取り上げました。

フレーベルは、当時のドイツ社会の中で両親が働いて子どもが世話を受けていなかった状況を見て、子どもたちのために家庭を改革しようと考えました。そして、子どもと遊べる人を養成しようとして「講習科」を開き、実際に子どもと遊ぶ実習施設をつくりました。その施設が「幼稚園」となったのです。世界で幼稚園を最初につくり、実践した人として有名なので取り上げました。

■2節　ルソー

（1）時代背景

ルソー（1712-1778）が生きた18世紀のフランスは、ルイ王朝の支配下にありました。当時の社会状況としては、教会、国王の専制が失われつつあり、自由思想、科学思想、啓蒙思想が一世を風靡していました。当時は啓蒙主義に基づく「百科全書派」と

ルソー

いう一派が思想界をにぎわしていました。「啓蒙思想」とは、「蒙」、つまり「暗い脳」を「啓く」という意味です。自分の働かない脳、理性を働かせるという意味です。彼らの考え方は「合理主義」です。自分の頭で考えて、理性に合うことを重視した人たちです。彼らは、それまでのキリスト教によって決められた考え方に反発し、自分の理性に訴えて多くの知識を持つことが知識人としてのよいあり方であるという考え方を持っていました。しかしルソーは、この「合理主義」的な考え方に立たなかったのです。ルソーは、自分の感性、感情、感覚を大切にすることを重んじたので、合理主義の立場に立つ百科全書派の人たちとは袂を別ち、独自の思想を展開したのです。

特に、子どもは子どもとして一人の人間であることを打ち出したルソーは、子どもの特有の存在の仕方を自然に基づいて育てることを強調しました。その内容は今にも通じる子育て、教育論です。しかもルソーの子育て、教育論は、その後のペスタロッチーたちに大きな影響を与えるのです。私たちは時代の大人や一般的な内容にただ従うのではなく、自分の感じ方を大切にして物事を考えることが大切であることをルソーから学びたいものです。

(2) ルソーの生涯

ルソーはスイスで生まれ、フランスで活躍した18世紀の思想家です。保育・教育の思想家であり、社会・政治の思想家であり、作家であり、音楽家でもあります。彼の特徴は、自分のあり方を考えながら思想を生み出した点にあります。

教育の思想においては、当時の貴族階級や大ブルジョアジー（金持ちの市民階級）の子育て、その内容、方法が子どもにとって不自然であることを強く指摘しました。そして、子どもの立場に立って保育・教育思想を独自に打ち出したのです。ルソーの教育の本『エミール』は、当時の、特に貴族階級や大ブルジョアジーの子育て、教育に対する挑戦状でした。貴族の大人が子どもに教養的な内容を強制的に暗記させていた教育に対して、自然のままの子どもを尊重し、自然に育てることの大切さを主張したので

す。よくルソーの思想を「自然に還れ」と表しますが、この言葉自体をルソーが言っているのではありません。彼の思想をわかりやすく表現した言葉として用いられます。

　ルソーは時計職人である父親の子として、スイスのジュネーヴに生まれました。彼が生まれた後すぐ母親が亡くなり、父親から本を読んでもらったりして育ちました。気まぐれな父親が失踪したのち、叔父のもとで田園生活を過ごしましたが、すぐ横柄な親方のもとに徒弟に出され、16歳で祖国を捨て、放浪生活を送りました。

　その後、本を読みながら独学で自己教育に励み、懸賞論文「学問の復興は習俗の純化に寄与したか」に応募し、金賞を受賞しました。これが彼の思想界へのデビューでした。その後、百科全書派の人たちと交流しましたが、先に述べたように彼らと別れ、静かな森の中で主要な著作を書きました。三権分立等を説いて、社会のあり方を書いた『社会契約論』は有名です。この本は1762年に教育の本である『エミール』と同じ年に出版されています。大著を同じ年に出版することで、彼が天才と言われることがここからも理解出来ます。

(3) ルソーの保育・教育思想の概要

　ルソーの保育・教育思想は『エミール』に書かれています。この本はエミールという男の子を一人の教師に預けて教育を受けさせるという、一種の仮想された教育小説の形をとって書かれています。学校教育という形をとらないで、教育の基本を説くためにこのような形をとって書いたのです。

　ルソーはこの本を「この書物は、ひとりの、ものを考えることができる、よき母親を喜ばせるために着手された」と書いています。そしてこの本で彼が言いたいことの基本を次のように言っています。

　「人は子どもというものを知らない。子どもについて間違った観念を持っているので、議論を進めれば進めるほど迷路に入り込む。この上なく賢明な人々でさえ、大人が知らなければならないことに熱中して、子どもには何が学べるかを考えない。彼らは子どものうちに大人を求め、大人になる

前に子どもがどういうものであるかを考えない。」

　この言葉は現在の私たちに向けて言っていたかのようです。私たちも子どもが何であるかを考えていないのです。

　そしてルソーは言います。

　「わたしはがんこに自分の考えをまもりとおそうとは思わないが、やはりそれを公衆に示す義務があると考えている。わたしがほかの人と見解を異にする格率はどうでもいいことではないからだ。それは、正しいかまちがっているかぜひ知らなければならないこと、人類の幸、不幸が分かれるところとなるからだ。」

　ルソーは子どもを正しく知ることが人類の幸、不幸が分かれることだと真剣に言っているのです。天才ルソーがこれほどまでに強く主張する『エミール』の思想を読み学ぶことは現在の人類の、いや子どもの幸、不幸に関わることです。このことを知っておいてほしいと思います。

　ルソーは人間の教育は、自然か人間か事物によって行われる、と言っています。そしてこの三通りの教育の中で、人間と事物の教育は私たちの自由になるが、自然の教育は私たちの力ではどうにもならないと言っています。

　そこでルソーの人間観をみることにしましょう。

　「万物をつくる者の手をはなれるときすべてはよいものであるが、人間の手にうつるとすべてが悪くなる。」

　この有名な言葉は『エミール』の最初の行に書かれています。これは彼の思想の原点です。先ず人間は、本来は「よい」存在であるという考えが明言されています。しかし、人間の手に移ると悪くなると言うのです。人間は「なにひとつ自然が作ったままにしておかない。人間そのものさえそうだ。人間も乗馬のように調教しなければならない。庭木みたいに、好きなようにねじまげなければならない」と当時の子育て、教育を責めています。したがって次のように嘆いています。

　「生まれたときから他の人々のなかにほうり出されている人間は、だれよ

りもゆがんだ人間になるだろう。偏見、権威、必然、実例、わたしたちをおさえつけているいっさいの社会的制度がその人の自然をしめころし、そのかわりに、なんにももたらさないことになるだろう。自然はたまたま道のまんなかに生えた小さな木のように、通行人に踏みつけられ、あらゆる方向に折り曲げられて、まもなく枯れてしまうだろう。」

そしてルソーが優しく言う次の言葉を引用しましょう。

「大きな道路から遠ざかって、生まれたばかりの若木を人々の意見の攻撃からまもることをこころみた、やさしく先見の明ある母よ、わたしはあなたにうったえる。若い植物が枯れないように、それを育て、水をそそぎ込みなさい。その木が結ぶ果実は、いつかあなたに大きな喜びをもたらすだろう。あなたの子どもの魂のまわりに、はやく垣根をめぐらしなさい。垣のしるしをつけることはほかの人にもできるが、じっさいに障壁をめぐらせる人は、あなたのほかにはいない。」

『エミール』の本は1編から5編までであり、胎児期から青年期までの教育について書かれています。教育方法に関して、子どもに対しては、教え込むのではなく、教えることにおいては消極的であることが大切だ、と説いています。

以下に『エミール』の概要を紹介しましょう。

1編　誕生から2歳まで。乳児期と幼児期の子どもの心身の自由な活動の保障。
2編　幼児教育。3歳から12歳まで。少年時代における感官の訓練としっかりとした感覚を土台とした知的理性の形成。
3編　青年期の直前の特徴 ― 自分らしい自律への歩み。12歳、13歳から15歳まで。
4編　16歳から成人するまで。哲学、宗教論。
5編　ソフィーに代表される女性教育論、エミールの結婚論。

ルソーはこの教育書『エミール』を書きましたが、その内容は当時のキリスト教のカトリック教会や当時の社会的な考え方からして非難され、『エ

『ミール』は発行禁止となりました。その結果ルソーはフランスからスイスへ逃げて暮らし、一時イギリスへも渡りました。他の著書として『人間不平等起源論』、自伝的な本として『告白』等があります。

■3節　ペスタロッチー

（1）時代背景

ペスタロッチー（1746-1827）が生きた時代は、世界史的にみれば、絶対主義の隆盛期でした。国王が国を支配していたのです。フランスはルイ王朝、オーストリアは神聖ローマ帝国、北には新興国プロイセン、そして北東にはロシア帝国があり、それぞれが絶対君主を擁し、覇権を争っていました。そのような中でスイスは中立を保っていました。そのこともあって、18世紀半ばのスイスは、比較的対外的には平和な時でした。

ペスタロッチー

対外的には平穏でしたが、スイス国内の政治状況は、絶対主義の波が全国に及び、専横的で家父長的な政府が生まれ、少数の世襲の貴族階級や市民権を持つ金持ちの階層が主権を握っていました。その後、フランス革命が起こり、その影響がスイスに及び、スイス革命が起き、その結果ヘルヴェチア共和国が誕生しました。その後、ロシアとオーストリアの同盟軍とフランス軍がスイスを戦場にして戦いました。ヘルヴェチア共和国はその影響もあって無政府状態になり崩壊し、自治権を持つ19の州の連邦となりました。

その後もナポレオンが率いるフランス軍と対抗する国との戦争が起こり、スイスはそのたびに混乱に陥りました。しかし、フランスに対抗する同盟

軍はフランスに勝ち、スイスはその結果、古い勢力が政治的、経済的な実権を握るようになりました。

（2）ペスタロッチーの生涯

　ペスタロッチーはそのような時代に生まれました。ペスタロッチーはスイスで生まれた、教育の神様ともいわれる人です。

　彼が生まれて5歳の時に父親が亡くなり、その後は母親とお手伝いのバーベリーの手で育てられました。父親は亡くなる際に「バーベリーよ、バーベリーよ。ヨハンを頼むよ」とバーベリーに懇願しました。バーベリーは「旦那様、わかりました。わたしはきちんとヨハンちゃんを育てます」と固く約束をしたのです。この幼少期に彼は敬虔と慈愛に満ちた女性の手の中で育ち、正義感と愛を育てられました。優しい、慈愛に富んだ母とバーベリーに育てられたペスタロッチーは、小さい頃伯父と一緒に貧しい農村を回りました。まだ7歳くらいのペスタロッチーは「僕は大きくなったら民衆の味方になるんだ」と考えました。裸足か粗末な藁草履をはいて歩いていた子どもを自分の目で実際に見た彼は、心の中に深く同情心を抱き、決心したのです。彼は正義感と愛に満ちた子どもだったのです。

　このように正義感の強い、また友だちに対する愛に富んだペスタロッチーは、当時の寺子屋のようなところで学んでいました。先生というと、村の普通のおじさんのような人でした。まだ正式な学校ではありません。ある時、そこの先生が子どもをひいきするので、ペスタロッチーは、学校の責任者にそのことを書いて知らせました。校長先生が「この手紙を書いたのは誰だ？」と聞きに来ると、ペスタロッチーはさすがに怖くなって村はずれまで走って逃げたそうです。彼の性格を見て取った周りの子どもは、ペスタロッチーを変わり者と見ていたようです。

　その後、民衆の味方になる決意を秘めていたペスタロッチーは、青年時に専門学校のコレギウム・カロリーヌへ進み、牧師になってキリスト教で民衆を救おうと考えて神学を学びました。そして、民衆の幸せを実現しようとして当時の青年運動に入り、恩師や仲間と活動しました。この活動に、

後で結婚するアンナ先輩がいました。

　彼は活動をしながら、民衆に不利な法律を変えて民衆に有利な法律をつくれば、民衆の生活はよくなるという考えにたどりつきました。牧師は他にもいるので、自分は法律を学ぶことを考えたのです。その当時彼は「警醒者(けいせいしゃ)」という学生新聞に記事を書きました。その内容は、農民が「何で俺たちは一生懸命に働いて税金を取られているのに、働かない貴族は俺たちの税金でよい生活をしているのだ？」という内容です。その記事のために逮捕された彼は法律をつくる官職にはつけなくなり、法律家になることをあきらめました。

　しかし、彼が法律家になるのをあきらめた理由は消極的な理由からではありません。その当時、農業を重視する重農主義がヨーロッパに流行していて、ペスタロッチーは、農業をしようと決心したのです。その理由は農業で食べるものを民衆が自分で作ればよいと考えたからです。そうして農業を学んだ彼はアンナ先輩と結婚して、知人から農地を譲り受けて農業を始めました。二人は、スイスの貧しい民衆と子どもたちのために何かをしようと青年運動時代から熱心に話し合っていた間柄でした。アンナ先輩は8歳年上の貴族のお嬢さんでしたが、同じ民衆の救いに燃えていました。譲ってもらった土地は肥えてはいませんでしたが、それでも二人で一生懸命に取り組みました。川の水をすくって飲み、はきものを貧しい人にあげて、自分たちは裸足で歩いていたこともあったようです。

　農業をしている時に、先に紹介したように、当時のフランスを支配していたナポレオンがスイスで戦争を起こし、親を亡くした子どもたちが町にあふれていました。ペスタロッチーは町にクワの手入れをするために行っていた時に、今にも倒れそうな子どもたちを見ました。彼は、そうした子どもたちを見過ごさずに、家に連れていき、一緒に住み「貧児院」という名の施設をつくり、子どもたちと農業をしました。彼が行った子どもの事業は児童福祉の今でいう「児童養護施設」であったことを知っておきましょう。

その施設で子どもたちと生活をしているうちに、ペスタロッチーは今まで思わなかったことに気がつきました。子どもたちは教えれば農業や生活の仕方を覚えていく、叱ったり怒ったりすると嫌がるが、ほめるとやる気を出す等のことです。その結果彼は「今までは自分が民衆の子どもを救おうと考えていたがそうではなく、民衆の子どもは自分で自分を救う力を持てばよいのだ」と気がついたのです。彼の言葉で言うと「自助する力」です。子どもたちと一緒に住むうちに彼は、子どもは教えてあげればいろいろなことを身につけることが出来ると体験的に学んだのでした。
　そして子どもに教える仕事は教育だと思い、教育の道に生涯まい進するようになったのです。その間ペスタロッチーはルソーの『エミール』を読んだりして教育について学びました。そして、施設で一緒に暮らした子どもたちとの体験を含めて後で書いた本が代表作の『隠者の夕暮』です。ペスタロッチーの思想は「『隠者の夕暮』に始まり『隠者の夕暮』に終わる」とも言われるように、彼の基本的な子育て、教育思想が表されています。
　その後は学校をつくって教育実践をし、多くの教育の理論を生み出しました。ナポレオンに談判に行ったり、ロシア皇帝に呼ばれたりもしました。イギリスからもヨーロッパ全土からも彼がつくった学校に見学者が来ました。彼の教育実践はヨーロッパ全土に影響し、アメリカ、そして日本にも伝わって、世界に大きな影響をもたらすようになりました。

(3) ペスタロッチーの保育・教育思想の概要

　ペスタロッチーの保育、教育思想の土台はキリスト教とその信仰です。彼は「神に対する信仰はすべての智慧とすべての淨福との源泉でもあれば、また人類の陶冶に至る自然の道でもある」と言っています。しかも、ペスタロッチーによると「神は人間に最も近い関係だ」と説明されています。
　この基本的な考えのもとに、ペスタロッチーは、人間は人生の悦楽と淨福とを得るために自分の本性の要求を探求すべきだと主張しています。そして同様に、人間に対して、自分の生の安らぎ、悦楽であり、幸福をもたらす真理を求めないのか、とも訴えます。そしてこのように言う彼は、人

間は自分の本質をなすものを求め、自らの内にその本質を実現することを求めるのです。この真理に至る道は、自分の本性の奥底にあると彼は説明しています。

　そして、このことを実現させるためには、自然に従わなければならないと説いています。自然の重要性をルソーと同様に考えています。この自然については4章で詳しく述べましょう。

　ペスタロッチーが説く保育、教育の基本は、当時の人為的な方法を離れて、自然の導きを重視していることを知っておいてほしいと思います。

　ここで彼の、目指すべき子ども像を紹介しましょう。このことは3章で述べますが、彼は子どものうちに、「心と頭と両手」の力を、心を中心にして調和的に育てることを主張します。これはペスタロッチーの調和的人間像といわれています。そしてこの三つの力を人のために用いるようにと訴えるのです。彼は子どもたちに、人に尽くす道徳的なあり方を求めるのです。

　このように子どもの育ちを考えているペスタロッチーは、子どもがよく育つために「家庭」をかなり重視しています。母親と父親が直接子どもと接して、愛情を注ぐことの大切さを彼は強く親に求めるのです。このことを「居間の教育」と表す人もいます。

　ペスタロッチーの保育、教育思想は、35歳の時に書いた『隠者の夕暮』に書かれていますが、他にも『ゲルトルートはいかにしてその子を教えるか』『リーンハルトとゲルトルート』『人類の発展における自然の歩みについてのわたしの探究』という哲学、教育学、宗教学、社会学の書ともいわれる体系的な本にも書かれています。また、晩年に幼児教育の必要性を強く思い『幼児教育の書簡』を書いています。以下に『隠者の夕暮』の概要を紹介しましょう。

1.　教育の一般的課題。教育者が依って以って出発すべき根本動機
2.　人間の本質の満足の材料及び方法の根源、すべての教育の基礎
3.　教育の目的と範囲

4. 人間の発達における自然の本質的過程
5. 精神的ないし知的陶冶
6. 心情の陶冶
7. 家庭的陶冶
8. 宗教的陶冶
9. 国家的ならびに公民的陶冶

■4節　オーエン

（1）時代背景

　当時イギリスは産業革命が始まっていて、都市に人々が集まるようになっていました。仕事に成功する人、失敗して堕落してしまう人、酒におぼれる人たちがいて、子どもが育つ環境としては決してよい状態とはいえませんでした。他方当時のイギリスは、フランスとの戦争で物資の生産を必要としていて、産業界は活況の様相を呈する世になっていました。そのような中、労働力として子どもも駆り出され、当時は5歳6歳の子どもも工場で働いており、子どもの成長にとって多くの問題がありました。

オーエン

　オーエン（1771-1858）が29歳の時、彼はニュー・ラナークの工場の新しい経営者として仕事をするようになりました。その工場には500人からの貧民の子どもが働いていましたが、そのうち200人以上は10歳以下でした。人々は産業革命の波を受けて、経済への道をひた走り、子どものこと等は見向きもしませんでした。

　また、労働力不足から母親たちも働いており、子どもの面倒をきちんと見ることが出来なくなっていました。

（2）オーエンの生涯

　オーエンはイギリスのウェールズという共同体意識の強い静かな田舎町で生まれました。彼はサン・シモン、フーリエと並んでイギリスの社会運動の父といわれている有名な人です。11歳の時ロンドンで丁稚奉公をし、その後工場で働いて徐々に力をつけていきました。そして一つの工場を任されて工場主となり、実際の経営者となりました。先ほども述べたように、当時のイギリスの社会的な背景として、産業革命がイギリスから始まっていたということを、おさえておきましょう。

　努力家のオーエンは、当時進んで知的サークルに入り、文学、哲学協会の会員として承認され、学問的教養を身につけました。彼はニュー・ラナークで工場を経営しながら青年や子どもの置かれている実情をつぶさに見て取り、知的能力を駆使して、分析し、改革を試みたのです。その結果、土地を奪われた貧民、都市の密集地に住む子どもや女性を受け入れることを実践しました。その結果ニュー・ラナークは「社会改良の聖地」と言われるようになるのです。そして何といっても彼が行った特筆すべきことは「大衆教育の実践」です。

　オーエンは子どもの幸せを願う、経営者としてはめずらしい人間でした。彼は、民衆の子どもが幸せになり、彼らが人間らしく育つことを願っていました。そこで彼らのために「性格形成新学院」という学校をつくりました。その中に「幼児学校」を設けました。この幼児学校は今でいう保育園と同じで、満1歳か歩けるようになった幼児を入園させました。この「性格形成新学院」には「幼児学校」の他に「小学校」「成人教育施設」も含まれていました。

　オーエンはイギリスで労働運動を指導した後、アメリカに渡り、理想社会のモデルをつくろうとして、ニュー・ハーモニー村の建設に取り組みましたが、失敗してしまいました。その後イギリスに戻った彼は、心霊主義に関心を持ちながら執筆活動を続けました。オーエンがつくった組織的な保育園としての幼児学校は、世界中で現在まで続いています。

（3）オーエンの保育・教育思想の概要

　オーエンは当時の迷信と無知、悪習から子どもを守り、形式的なキリスト教に反対し、合理的な性格形成を重視し、また、遊びを通して性格を形成することを重視しました。彼は子どもの性格は生まれながらのものではなく、生まれた後に形成されるので、子どもには何ら責任もないと主張しました。したがって子どもが悪いのではないので、子どもを罰したり叱ったりなじったり怒ったりすることはいけないと言っています。あくまでも子どもの環境が悪いことを彼は強調するのです。このことは3章で詳しく紹介しましょう。

　簡単にオーエンの保育上の要点を挙げると次のようになります。
1. 合理的なよい性格の形成を図ること。
2. 幼児の健康増進のために、出来る限り外で遊ばせること。
3. 幼児の発達段階に応じて、実物で教えること。

　著書としては『新社会観』『オウエン自叙伝』等があります。以下に『新社会観』の概要を紹介しましょう。
1. 性格形成論　第一試論　「適切な方法が用いられるならば（略）どんな性格をも備えることができるようになるものであろう」
2. 性格形成論　第二試論　前記の試論の原理の続きとその一部の実践への適用　「完全な同意の得られないところでさえも敵意が消えるようにと希望することは法外の要求ではありません。もしわれわれがすべての臆見を一致させえないとしたら、せめて万人の良心を結合させるよう努力しましょう」
3. 性格形成論　第三試論　ある特殊な状況に適用される、前記試論の原理　「真理は最後には必ず誤謬(ごびゅう)に打ち勝つものである」
4. 性格形成論　第四試論　統治に適用される、前記の試論の原理　「犯罪の予防のほうが処罰よりはるかに望ましい結果をもたらす」「それゆえ、無知を、したがって犯罪をも、予防する統治の制度のほうが、無知を勧め犯罪を犯さずにはおれないようにしたあとで無知と犯罪のゆえに

処罰する制度に比べて、はるかにすぐれたものとなろう」
　以下に『オウエン自叙伝』の概要を紹介しましょう。
序

1章	幼年時代	8章	幼児教育と労務管理
2章	店員時代	9章	宗教否定
3章	マンチェスター	10章	大陸旅行
4章	結婚	11章	ケント公殿下
5章	ニュー・ラナアックの統治	12章	合理的宗教
6章	性格形成論	13章	交友
7章	工場立法の創唱と戦後不況打開策	14章	ラナアック州への報告

■5節　フレーベル

（1）時代背景

　当時のドイツは、イギリスの産業革命の影響を受け、新しい機械が開発され、製品が早く大量につくられるようになったという社会的背景があります。生産を増加させるために機械がどんどんつくられました。そうなると人手が足りなくなり、母親たちが労働に駆り出されるようになったのです。その結果、親が子どもと接する時間や遊ぶ時間が取れなくなってしまい、家庭の子育てがおろそかになっていきました。その様子をフレーベルは憂えて、「家庭改革」をしようと決心したのです。彼が最初に行った事業は教育ではなく、家庭改革でした。

フレーベル

（2）フレーベルの生涯

　フレーベル（1782-1852）はドイツで6人兄弟の末っ子として生まれた

教育思想家、教育実践家です。彼は生後9か月の時に母親と死に別れ、4歳の時に父親は再婚しましたが、継母とうまくいかない寂しい幼児期を過ごしました。少年のころ、彼は田舎の伯父の家によく行って過ごしました。そのころのいい思い出として彼は「私は伯父の家に行って静けさを体験した」と言っています。この静けさの体験は彼の後の幼児教育の基本的な思想に繋がっていくのです。

彼は15歳の時に林務官の弟子となり、17歳の時にイエナ大学に入学しました。その後大学を退学した彼は農夫となり、山林局の仕事をしたり、土地測量に従事しました。そして23歳の時に建築技師になろうとしてフランクフルト・アン・マインに行き、模範学校の教師になります。この学校の校長であるグルーナーはペスタロッチーの弟子でした。フレーベルがグルーナーに自分のことをすべて話すとグルーナーは、「おお、あなたは、建築業はおよしなさい。それはあなたには適しません。教師におなりなさい。私の学校には教師が一人欠けてます。御同意でしたらこの地位はあなたにあげます」と勧めたのです。こう言われたフレーベルは、模範学校の教師となりました。教師となった後はペスタロッチーのもとへ行って、学びました。その時に彼は教授法について自分と異なったやり方を見て取ることが出来ました。その後も彼はペスタロッチーのもとへ学びに行っています。

模範学校へ戻ったフレーベルは、授業をしている時の自分を次のように表しています。

「即ち私は何か自分でも知らないもので、而も長く憧憬し長く見失ってたものを発見したような、また遂に私の生命の要素を見出したような気がした。私は水中の魚、空飛ぶ鳥のように幸福だと。」

その後、彼は家庭教師をし、そして25歳の時に教育活動に入るのです。

しかしフレーベルはその後再び大学に行って、結晶学や物理学等の自然科学を学ぶ一方、当時の哲学の思想である「ドイツロマン主義思想」を学びました。この思想は、「宇宙と自然と人間はひとつである」というものです。この思想は後の彼の幼稚園教育の基本的な思想となっていきます。大学を

出た後彼は「鉱物博物館監督」となりました。そしてついに、教育に対する思いを実現するために、1816年34歳の時に「一般ドイツ教育所」を開きました。この教育所は翌年カイルハウに移転し、そこでの教育実践について次々と論文を発表します。そして44歳の時にフレーベルの主著である『人間の教育』が出版されるのです。

その後、子どもと遊ぶことの出来る人を養成するため、1839年に「幼児教育指導者講習科」を設けました。その講習科で実際に子どもと遊ぶ実習所のような「教育および作業所」をつくって、6歳以下の子を集めて実際に遊び等を教えました。この作業所が翌年1840年に「キンダーガルテン」「幼稚園」という名称に変わり、世界で初めての「幼稚園」が誕生したのです。「キンダー」はドイツ語で「子どもの」という意味であり「ガルテン」は「庭・園」という意味です。フレーベルは、植物や木が、太陽の光を浴び、園丁の世話を受けてすくすくと育つように、子どもも庭で太陽や風を受け、空気を吸い、そして専門家の教育を受けながら成長してほしいと思ってつけた名称です。

フレーベルの幼稚園は広がっていきますが、プロイセン政府の誤解を受けて閉鎖されました。そうした状況の中で彼は亡くなりましたが、その後誤解が解かれて、幼稚園は今では世界に広がっています。フレーベルの主著は『人間の教育』です。この本に彼の基本的な哲学、教育論の実際が書かれています。

（3）フレーベルの保育・教育思想の概要

フレーベルの基本哲学の一端を紹介しましょう。フレーベルの素晴らしさは、その哲学です。人間の外面的な面ではなく、精神的、内面的な側面を重視したところにあります。彼の哲学は当時の哲学者たちから影響を受けてはいますが、彼独自のキリスト教からくる内容が特徴となっています。ある人は彼の宗教は汎神論であると言いますが、ドイツの教育哲学者であるO.F.ボルノーは、簡単に汎神論であるとは言えない、と主張しています。

フレーベルの言葉を引用してみましょう。

「すべてのもののなかに、永遠の法則が宿り、働き、かつ支配している。この法則は、外なるもの、すなわち自然のなかにも、内なるもの、すなわち精神のなかにも、自然と精神を統一するもの、すなわち生命のなかにも、つねに同様に明瞭に、かつ判明に現れてきたし、またげんに現れている。」

「このすべての物を支配する法則の根底に、すべての物を動かし、それ自身において明白である、生きた、自己自身を知る、それゆえに永遠に存在する統一者が、必然的に存在している。この事実並びに統一者そのものもまた、やはり同じ仕方で、信仰か直観かによって、同様に生き生きと、同様に明確に、かつ包括的に認識される。」

「この統一者が神である。」

「すべてのもののなかに、神的なものが、神が、宿り、働き、かつ支配している。」

そしてフレーベルは教育を次のように言います。

「人間を刺戟し、指導して、その内的な法則を、その神的なものを、意識的に、また自己の決定をもって、純粋かつ完全に表現させるようにすること、およびそのための方法や手段を提示すること、これが、人間の教育である。」

そして教育の目的について「教育の目的は、職分に忠実な、純粋な、無傷の、したがって神聖な生命を表現することである」と言っています。

このようにフレーベルは自分の基本哲学を表現しています。

『人間の教育』について、1篇から5篇までの概要を紹介しましょう。

第一篇　全体の基礎づけ　・教育の哲学的基礎・教育方法の原理・教育的人間像・乳児期の人間

第二篇　幼児期の人間　・乳児期から幼児期への移行・幼児期の本質・遊戯について・幼児の食物、衣服について・真の母親の教育方法・幼児教育において顧慮すべきことがら・子供を教育することの本質的な意味・内的統一の重要性と表現を通しての認識・少年期への移行

第三篇　少年としての人間　・少年期の本質・教授の意味および学校の定

義・意志の形成・家庭の教育的意義・少年の生命の要求およびそれが純粋に展開した姿・少年の現実の生命にみられる悪とその原因およびそれを矯正する方法

第四篇　生徒としての人間　第一章　学校とは何か　第二章　学校は何を教えるべきか　第三章　主要な教科群について　A　宗教および宗教教育について　B　理科および数学について　C　言語、言語教育、およびそれに関連した「読み」「書き」について　D　芸術および芸術科について　第四章　家庭と学校との結合、およびそれによって制約される教科について

A　一般的考察

B　個々の教科それぞれについての考察

 a　宗教的感受性の喚起および育成

 b　宗教上の箴言(しんげん)の習得

 c　身体の尊重、およびその知識とその訓練

 d　自然および外界の考察

 e　詩および唱歌の学習

 f　言葉の練習

 g　空間的表現の練習

 h　網の目を用いて図を描く練習

 i　色の把握

 j　遊戯

 k　お話

 l　小さな旅行と大きな散歩

 m　算数の学習

 n　形の学習

 o　発音の学習

 p　書き方の学習

 q　読み方の学習

第五篇　全体の外観と結び
　フレーベルの著書には他に、彼の論文を日本でまとめた『幼児教育論』『フレーベル自伝』『母の歌と愛撫の歌』等があります。

2章　子どもの幸せを考える

■1節　なぜ子どもの幸せを考えるのか

（1）大人の責任として考える

　人間と子どもの幸せについては、人間は今までずっと考えてきました。ギリシア時代のセネカが書いた『幸福論』以降、ヒルティの『幸福論』、ラッセルやショーペンハウエル、アラン、ヘッセたちの『幸福論』等がよく知られています。これらの本を読んでも、幸福についての考え方は多様です。幸福の考え方は、時代、社会、宗教、民族、習慣、文化、国によって異なります。そして大人と子どもによっても幸福の考え方、感じ方は違います。というより幸福が何であるかは、一人一人で違うのではないでしょうか。

　しかし、幸福についての考え方が個人によって違うのだから、全く考えなくともよいのかというと、そうではありません。人間の、特に子どもの幸福について、出来るだけ子どもに沿って考えることをしないと、いつの間にか子どもを不幸に追いやってしまう恐れがあるからです。

　したがって私たちは、子どもの幸福について、子どものために出来る限り、有効な考え方をみんなで追求し、実行に移さなければなりません。このことが私たち大人、保育者になる者に課せられているのだと思います。大人は、時代や歴史、そして社会の現実を見る目を子どもより持っているはずです。そして社会がどうなっていくかも、またどうなったらよいかも、考えることが出来ます。もちろんその内容は人によって色合いは異なるし、もしかしたら反対の考え方もあるかもしれません。

　でも、私たちは真剣に、そして誠実に、子どもの幸せが何なのかを考え合い、話し合っていかなければなりません。年長者として責任が問われるのです。特に子どもは自分がいつ死ぬのか、ということを考えることをしません。しかし、そうだからといって子どもが幼児期に死なないというこ

とは誰もがわからないのです。そしてわが子が病気や事故で死ぬと親は激しく嘆きます。というより当の死んだ幼児は自分が死ぬことに納得出来ているのでしょうか。

　子どもの「いのち」については4章で述べますが、大人は子どもに厳粛な「死」について教えてあげなければならないと思うのです。難しいことです。大人が子どもに教えてあげなければならないことは死だけではありません。病気や別れ、怪我、入院、事故に遭うこと、台風や崖崩れ、土砂災害、地震、噴火、火事、水害、災害、原子力発電所の事故、竜巻等、子どもに教えなければならないことは多くあります。

　今挙げたように、人生には幸せとは思えないことが必ず襲ってきます。2011年3月11日の東日本大震災の揺れと大津波、それに伴う福島原子力発電所の爆発事故と放射性物質の被害等、生きている間には予想もつかない不幸な出来事が子どもに襲ってきます。こういうことを考える時、私たちは大人もそうですが、子どもの人生に起きてくることと幸せの問題を考える必要があります。

（2）現実の子どもが幸せを考えることを訴えている

　たしかに、現在幸せな子どもも存在します。しかし一方で、生まれてから、辛い、悲しい、苦しい、恐怖に襲われながら生活している子どもが現実にいます。虐待されている子ども、差別されている子ども、貧しくて病院に行けない子ども、親の仲が悪くて泣いている子ども、病気で苦しんでいる子ども等、多様な姿の不幸な、恵まれない子どもたちが今、重い気持ちを抱いて毎日生活しています。

　一体、子どもたちは日々どのような気持ちで生活しているのでしょうか。子どもたちは、今の自分をどう感じているのでしょうか。何を思い、何を感じ、何を訴えたいと思っているのでしょうか。「パパとママにケンカしてほしくないよ！」と泣き叫ぶ子どもがいます。「僕をぶたないで！　蹴らないで！」と恐怖の叫びを押し殺して生きている子どもがいます。「他の子と違って何でこんなに、勉強やお稽古を毎日しなければいけないの？」と訴

えている子どもがいます。次に、ある母親の話を紹介します。

　年長の男の子が母親にバットで殴りかかってきました。その時にバットで窓ガラスを割ってしまったという相談を受けたことがあります。その母親と話し合って驚きました。「いつ、お子さんは遊んでいるのですか？」と聞いたら、「塾に行く前に一人で遊んでいます」との返事でした。その子は毎週5つの塾とお稽古ごとに通っていて、友だちと遊んでいないのです。遊びたい年齢の男の子にとって、塾、お稽古ごとへの強制的な生活は、限度を超した、到底耐えられないことだったのでしょう。

　このように、一見、子どものためによかれと思って、親が、あるいは大人が、社会が子どもに要求することが、当の子どもにとっては、納得できない、人間として堪えられないことがあります。私たちは、人間としての子どもの日々の生活はどのようなものでなければならないかを、この時代の中で、静かに、子どもの心の深みにそっと、そっと、降りていって、感じ考えることを始めなければなりません。

（3）人間存在としての子どもの幸せについて考えたい

　すでに言われてきたことではありますが、もう一度、人間としては大人と全く同じ価値を持った存在である子どもの幸せについて考えることが問われています。オランダの教育学者のM.J.ランゲフェルドは「子どもの人間学」という分野を切り開き、従来の教育学、人間学を批判しています。ランゲフェルドは「子どもを一人の人間としてみることの重要性」を力説しています。もちろん18世紀の思想家のルソーはその教育書である『エミール』で、子どもは子どもとして人間としての位置を占めている、ということを言っています。ランゲフェルドはその考え方を教育学的に理論化したのです。私はランゲフェルドが言うように、子どもがどのような存在なのかを知ることに努めなければならないと思います。このことは一般的には「子ども観」の探求という言葉で表現されます。しかし、そのこと自体が難作業なので、私見をいいますと、今回は子どもが大人と同じように、生物的存在としての側面を持つ子ども、社会的存在の側面を持つ子ども、精神

的な存在の側面を持つ子ども、霊的存在（魂）の側面を持つ存在であるということを指摘しておくことに留めておきます。

　ここで考えたいことが一つあります。それは、子どもの幸せと子どもの自由との関係です。「大人は自由に生きることが保障される」とよく言われることと、「子どもは自由に生きることは保障されないのか」という問題です。大人は生きることが多様に開かれていて、その進む道を自分で選ぶことが保障されています。もちろん自分が選んだ道には自分で責任を取るということが伴っていることはいうまでもありません。

　このことは子どもには適用されないのでしょうか。子どもは、日々自分が生きる道を自分で選ぶことは出来ないのでしょうか。大人が人間として、生きる道を自由に選ぶことが出来て、もし子どもが自分の生きる道を自由に選ぶことが出来ないのであれば、一体、人間として大人と子どもは平等に扱われているといえるのでしょうか。子どもはそれで幸せなのでしょうか。

　このことをこう考えてみましょう。大人は自分の選んだ道に対して、責任を取る力がある程度備わっているという点を考えてみましょう。子どもも基本的には生きる自由がありますが、自由は自分で責任を取ることが出来て初めて認められるのではないでしょうか。自由とは本来自分で責任を取ることが出来て、自由に選んだことで周囲に迷惑をかけないということが伴っています。ルソーが言う、「子どもと大人は人間としてどちらも自由である」ということを考える時、子どもの生きる自由は一定の歯止めがかけられていると考えたいと思います。大人に守ってもらわないと、責任を持って自由に生きることが出来ないという考え方の歯止めがかかっているのです。したがって子どもが人間として自由に生きることが出来るためにはやはり、ある程度の力が備わっていることが要求されることになります。誤解が生じるといけないので、補足していうと、子どもの自由は、大人の一定の細やかな配慮や見守りの中で保障されるということです。

　先のランゲフェルドは、子どもは単に大人になるための準備期ではない

が、大人になってから自由に生きるために力を蓄えるための時期でもあることを指摘しています。子ども自身はこのことを自覚しているわけではありませんが、生まれてから子どもは、本能的に自分が生きる力を持っていないことを知って、生きるために力を求めて動き、見聞きし、周囲と関わりながら大人になるための自分なりの学習を始めるのです。この子どもの必死な生き方を、私たちは深く認識しなければなりません。

　このことを認識することと、子ども自身が責任を持てる範囲で自由に生きたい、生活したい、活動したいと思っているのに、大人は勝手に自分の考えで、子どもを不自由にしてしまうことがあるということを考えたいと思います。たとえば、自由に体を動かして遊びたいのに、窮屈な服で覆われて自由に楽しく遊べないということがあります。これは自由に、しかも楽しく遊びたいという子どもの根源的な人間としての自由に反することです。このようなことはいくらでも見出せます。子どもの思考の仕方を無視して怒ったり、子どもの感じ方を理解しないで行動や考え方を一方的に押しつけたりすることがあります。子どもにとっては悲しく、不愉快で怒りたいことです。もっと大人は子どもの人間としての特徴を知った上で子どもの生き方を考えなければなりません。

　そういう意味で、人間としての子どもの幸せを考えたいのです。

(4) 今の子どもの幸せと社会の将来

　今、大人の自由と子どもの自由な生き方について述べました。そして、子どもの人生途上に起きてくるさまざまなことについても触れました。そこでもう一点、子どもの幸せと将来の社会との関係についても述べておきたいと思います。

　それは子どもが子ども時代に幸せに生きることは、子どもの将来の幸せにも繋がり、また将来の社会の安定、よりよき社会に繋がるということです。子どもの将来の幸せとよりよき社会に繋がることを考える時、子ども時代の幸せについて深く考えることは欠かせません。

　もちろん子ども時代が幸せでないからといって、大人になってから不幸

になるとは限りません。このことはあくまで、可能性の問題です。幼い時不幸であった人が、頑張って幸せになることはいくらでもあります。人間は変わることがいくらでも出来るのです。善い人、よい環境に出会うことによって、いくらでも人間は変わることが出来ます。いや、よい環境に出会わなくても、自分の決断、考え方一つで人は前に進むことが出来るのです。

■2節　幸せについての考え方

（1）いろいろな幸せの考え方がある

　前にも述べましたが、時代や社会によって、また、人によっても幸せについての考え方は多様です。幸せについての考え方にはさまざまな種類があり、また、幸せになっていく段階の問題もいろいろとありそうです。このように幸せについて考えるに際しては考える視点、ポイントがあり、一様には考えられません。また、幸せといっても、不幸とは何かということについても一緒に考えないと、真の幸せは決められないということもあります。

　そこで先ず漢字の「幸」という文字について考えてみましょう。「幸」という文字は象形文字だそうです。両手にはめる「手かせ」を描いた形だそうです。その意味としては、「手かせ」をはめられる危険を危うく逃れている状態だそうです。この語源から理解出来ることは、幸せとは、危険から逃れている状態、すなわち、危なくない状態であるといえます。したがって、幸せとはお金がいっぱいあるとか、物がいっぱいあるとか、心地よい便利で快適な生活が出来る状態であるということではありません。普通の、危険に陥っていない状態であるといえましょう。

　また、「幸せ」は「仕合せ」とも書き、この意味は、「めぐりあわせ、運が向くこと」という意味です。「幸福」の「福」についていうと、左の「ネ」は、「示」と同じ偏で、お供え物を載せる祭壇の周りに神の霊がいる形を表します。「畐」は、酒の徳利(とっくり)を表す象形文字であり、徳利に酒がなみなみと入っ

ている豊かな形を表します。両方の意味を合わせて「福」は「神の恵みが豊かである」ことを表します。

さて文字の上では今述べたような意味がありますが、幸せの捉え方はその時代の、その国の考え方、慣習に左右されることが多いようです。したがって私たちは、子どもの幸せを考えるにあたって、わが国の一般的な幸せの理解について知っておくことが必要です。なぜならば大人の一般的な考えで、子どもに幸せの内容を押しつけてしまう恐れがあるからです。これまで、いわゆる有名な大学を出て有名な大企業に就職することが幸せだという考え方が多くを占めていた時期がありました。そして現在でも日本では、多くの人にとって、幸せはまだ、学歴、金、地位、財産等に左右されているように思います。もちろん健康、家族の仲のよさ、友だちがいること等の項目を幸せに入れる人もいます。そして現在では、物の豊かさより心の豊かさに重きを置きたい人が徐々に増えているという報告からすると、幸せも、物から心に移行しつつあるといえそうです。

以下に平成25年度の内閣府の「国民生活に関する世論調査」を掲げておきます。

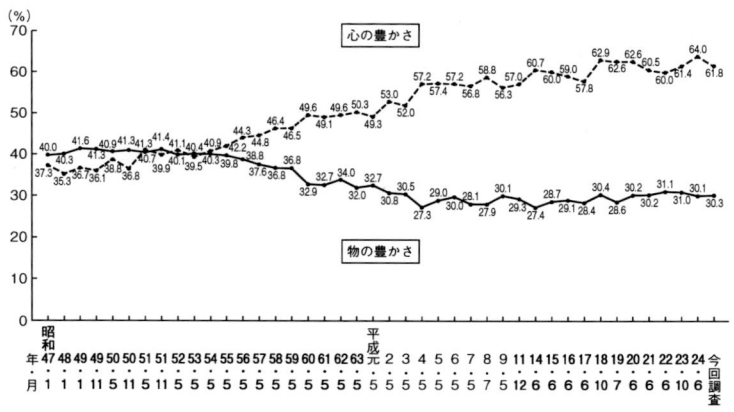

(注) 心の豊かさ→「物質的にある程度豊かになったので、これからは心の豊かさやゆとりのある生活をすることに重きをおきたい」
物の豊かさ→「まだまだ物質的な面で生活を豊かにすることに重きをおきたい」

図2-1　これからは心の豊かさ、まだ物の豊かさか（時系列）

そして、前にも述べたように子どもを取り巻く大人社会の幸せ観が、子どもの幸せに大きな影響を与えることを、再度指摘しておきたいと思います。

(2) 幸福度（GNH）

その意味では社会、国の幸せについての考え方は重要な意味を持っています。先ずいくつかの幸福度の高い国の幸せについての考え方を紹介しましょう。

GDPという用語があります。これはグロス（総体）・ドメスティック（国内）・プロダクト（生産）の略字です。つまり「国内総生産」を意味します。GNP＝グロス・ナショナル・プロダクト＝国民総生産という用語もあります。また、2000年からGNI＝グロス・ナショナル・インカム＝国民総所得が用いられています。このGDPが高い国が幸せな国であると今までは言われてきました。しかし現在では、幸せは「GNH」という用語に取って代わられています。GNHのHは「ハッピネス」を表していて、「国民総幸福度」という意味です。経済的な生産を重視した考えではなく、幸福度を重視した考え方です。つまりお金や、物質的な考え方から、心等の要素を重視した幸せの考え方です。

参考までに国連が発表した「世界幸福度報告書2013」から国別幸福度ランキングを紹介しましょう。
1位デンマーク　2位ノルウエー　3位スイス　4位オランダ　5位スウェーデン　6位カナダ　7位フィンランド　8位オーストリア　9位アイスランド　10位オーストラリアとなっています。世界一の経済大国アメリカは17位。2位の中国は93位、3位の日本は43位で、GDPが高い国が必ずしも幸福度が高い結果になっていません。

要は、主観的幸福度と呼びますが、自分の心の中で「私の生活は、これでよい」と思えることが「幸せだ」といえるのではないでしょうか。

(3) 今の幸せと将来の幸せ

大人は子どもの将来の幸せを考えて、子どもを育てます。そして、子ど

もにあれもこれも身につけさせようとします。今、子どもにやりたいことがあっても、将来の幸せのために、そのやりたいことをさせないで我慢を強いるのです。しかしそれで子どもは幸せなのでしょうか。いつ来るともわからない不確定の幸せのために、現在の幸せを味わうことを犠牲にしてよいのでしょうか。

　自分がやりたいことを抑えられて、子どもはどのように育つのでしょうか。それは目にみえています。満足しない幼少期を過ごす子どもの心が、満足しているわけがありません。前にも書きましたが、たしかに子どもが自ら生きていくために多様な最低限の力を身につけることは必要であって、その子の将来の幸せのためにそのことは欠かせません。しかし、将来の幸せのみに目が向いてしまい、今の子どもの幸せを軽視することはよくありません。人間としての人生の途上にある子どもに対して、子ども時代の人間としての味わいを軽視することは、誰にも認められないのです。

（4）産業・経済社会の発展と子どもの幸せ

　なぜ子ども時代の人間としての味わいが軽視されているかというと、人間社会の内容と仕組みがかなり複雑になってきており、社会に巣立っていく前に身につけることが多様に、またその量も多くなってきていることが挙げられます。そのために早くからいろいろなことを学ばせ、将来に備えさせるのです。

　この動きは18世紀の産業革命期から始まり、現在に繋がっています。人間の生活が、速さ、便利さ、快適さに彩られ、それらが享受出来る生活のために、子どもは学びへと追いやられているのです。早期教育、超早期教育という言葉で表されている現象がそれです。

　その結果、乳児期から脳への刺激を与えて超早期教育へと拍車をかけている様相です。近代の学校教育も国家の近代化のために位置づけられ、能力発達を促進する教育が跋扈(ばっこ)しているのです。子どもも、将来は産業・経済社会に参加して生きていくために、子ども期特有の生活が奪われているのです。この産業・経済社会のあり方と、子ども期の幸せなあり方との関

係を考え直さなければなりません。

■3節　今の子どもは幸せなのだろうか

　本来は2節でふれた方がよいのかもしれませんが、子どもが幸せかどうかを考えるにあたって、子どもが幸せであるとはどういうことなのかを先ずもって考えなければなりません。ここでは子どもが幸せかどうかを考えるにあたって、いくつかのポイントに焦点をあてて考えたいと思います。

（1）子どもの幸せの考え方

　私は、子どもは、特に乳幼児は自分が幸せかどうかを、自分の未熟な能力の範囲で、特に体で、快か不快かで感じるのだと思います。

　言葉をかえて、誤解を恐れないでいうと、基本的には自然な存在として動物的に生きることが保障されているかという点が、子どもの幸せを考える際には欠かせないことだと思います。

　子どもはポルトマンが言うように、他の動物と比較すると、生きるための能力はかなり低いです。他の動物は、胎内で生きる基本的な力を身につけてから生まれてきます。一方、人間の子どもは生まれた後で周囲の環境とのやり取りをしながら生きる力を身につけるのです。子どもは本能的に生きるため、必死になって学ぼうと生きているのです。

　この時期の子どもは、生きる力を必死になって学んでいる「学びの存在」として特徴づけることが出来ます。自分の体全体で生きる力を懸命に学んでいる、いのちそのものであるといえます。このことからいえる子どもの幸せは、体全体で自ら動いて学ぶその動き自体を尊重されることであるといえましょう。子どもは周囲の考えや意識、常識等に気を使うことはありません。自らの体が命令する、その命令が、優しく受け止められることが幸せなのです。子どものそうした動きの中には、泣く、泣きわめく、泣き続ける、見る、聞く、飲む、噛む、嗅ぐ、動く、触る、手に取る、叩く、投げる等があります。このような体の使用を通じて子どもは、周囲を認識し、

理解し、疑問に感じ、怒り、うれしく思い、楽しく思い、自分の体で自分の中に多様な事柄を育てていくのです。後で紹介する狩猟採集をする先住民の子どもの生活がまさにこうした育ちを保障されています。

　最近「赤ちゃん学」という領域が生まれてきており、赤ちゃんが、今までいわれてきたような単なる受け身の存在ではないことが、科学的にわかってきたことが報告されています。赤ちゃんは、環境に自分から働きかけて、必要な情報と不必要な情報とを仕分けていることもわかってきているようです。おもしろいことの一つに脳のシナプス（情報を繋げる働きをする神経）が最も増えるのが生後10か月ということが判明してから、やたらと脳を刺激する子育てが吹聴されるようになってきていますが、これはむしろ間違いだということが言われてきています。周囲からの多様な刺激を、赤ちゃん自身が必要な情報とそうでない情報を判断して、シナプスの増減を自分で判断しているようです。その子どもの作用に外部から刺激を与えると、かえって脳の混乱を起こし、障害をもたらしかねないという報告がされているのです。

　その結果、あまり無理に脳に外部から刺激を与えない、普通の子育てがよいということが提唱されているのです。

　ということは、私たちは子どもに対して、子ども自身の動きを温かく見守り、必要だと判断した時に手助けを与えることが子どもの幸せだということになります。先にも述べましたが、思想家のルソーが言うように、子どもに対する教育は「消極的であれ」という言葉は意味があるのです。また、フレーベルが教育は子どもに対して「追随的」であれと言った言葉も生きているのです。

（2）子どもの生活の現実

　さて、子どもの幸せを子どもの生活の現実から考えてみましょう。

　わが国の中学生の現実を見てみましょう。なぜならば、中学生の現実は幼児期からの延長線上にあると思うからです。2007年発表のユニセフ（UNICEF － United Nations Children's Fund= 国際連合児童基金）の調査は、

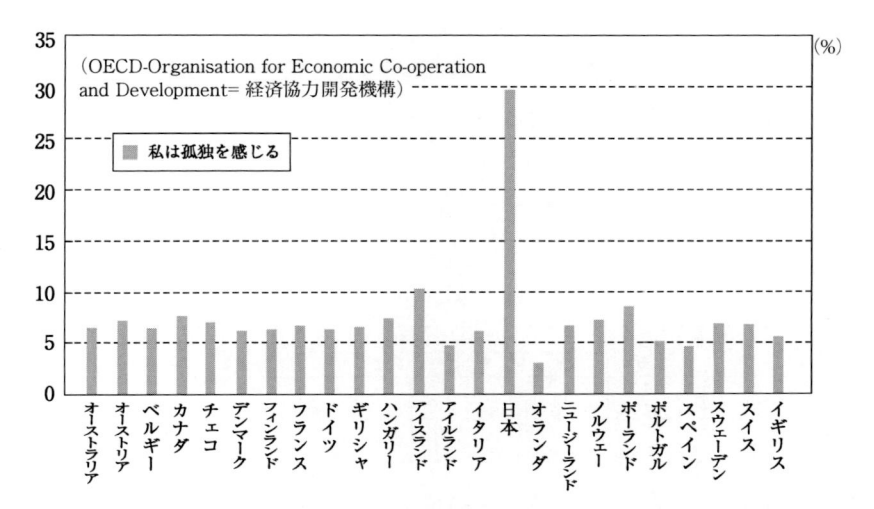

2章3節　今の子どもは幸せなのだろうか

```
(OECD-Organisation for Economic Co-operation
and Development= 経済協力開発機構)

■ 私は孤独を感じる
```

経済協力開発機構（OECD）加盟25か国を対象に行われた15歳の意識調査において、日本の子どもが29.8％と最も多く「孤独を感じる」と答えた。
以下、アイスランド、ポーランド、カナダなどが続いているが、日本は突出している。

図2-2　OECD加入25か国における15歳の孤独度調査を一部改変

15歳の孤独度は日本の子どもがかなり高いという結果を発表しています。

また、「自己肯定感」の率も他の国と比較して、日本の中学生は一番低いようです。

なぜこのような数字になっているのかというと、その背景はいろいろありますが、私には日本の子どもは、存在自体を尊重されないで、能力の高低で評価をされているということが考えられます。人間そのものというより、能力で評価をされることから、子ども自身は、自分に自信を持てなくなるのだと判断します。また、現在親による虐待、および虐待による子どもの死亡事件が後を絶ちません。乳児院や児童養護施設に入る子どもの、多くの原因が虐待であるいうことが報道されています。

特にネグレクト、つまり育児放棄がその多くを占めていることもわかっています。親がわが子の世話を放棄するのです。風呂に入れない、病院に連れていかない、着る物を変えない、躾をしない、会話をしない等、子ど

もの育ちにとっては最低限必要な関わりなしで育てられているのです。また夫婦仲が悪く、子どもの前で夫婦喧嘩をよくして子どもを悲しませることがあります。さらには、ドメステイックバイオレンスといって、配偶者や子どもに暴力をふるうこともあります。そのような親のもとで暮らす子どもが安心して暮らすことは難しいのです。果ては離婚をして父子家庭、母子家庭の子どもが幸せに暮らす条件は、決してよいとはいえません。

表2-1　被虐待経験の有無及び虐待の種類

	総数	虐待経験あり	虐待経験の種類（複数回答）				虐待経験なし	不明
			身体的虐待	性的虐待	ネグレクト	心理的虐待		
里親委託児	3,611	1,138	348	56	764	174	2,219	237
	100.0%	31.5%	30.6%	4.9%	67.1%	15.3%	61.5%	6.6%
養護施設児	31,593	16,867	6,707	664	11,159	3,440	12,902	1,752
	100.0%	53.4%	39.8%	3.9%	66.2%	20.4%	40.8%	5.5%
情緒障害児	1,104	790	478	67	372	254	295	17
	100.0%	71.6%	60.5%	8.5%	47.1%	32.2%	26.7%	1.5%
自立施設児	1,995	1,314	782	422	597	276	528	142
	100.0%	65.9%	59.5%	32.1%	45.4%	21.0%	26.5%	7.1%
乳児院児	3,299	1,066	335	8	761	98	2,091	126
	100.0%	32.3%	31.4%	0.8%	71.4%	9.2%	63.4%	3.8%

（注）総数には不詳を含む。

厚生労働省雇用均等・児童家庭局　平成21年児童養護施設入所児童等調査結果

（3）子どもの家庭生活の現状

今の子どもは家庭の中で幸せといえるのでしょうか。いくつかの問題点を掲げて考えてみましょう。先ず、親の幸せに関する価値観について考えましょう。以前ほどではなくなりましたが、まだ、学校の成績がよいとほめられ、悪いと怒られ、果ては悪い子だとなじられる子どもがいます。このような親の考えのもとで暮らしている子どもは、有形無形に高い成績を取ってほしいという価値観で日々見られています。自分の個性や持ち味は評価されないで、一般的な成績のみで自分を評価されることに子どもは耐えられません。

また、現在の家族は一緒に暮らすことがそう簡単ではなくなってきています。会社を中心に家庭が回っています。顔をじっくり合わせて食事をしたり、会話をしたりすることがかなり少なくなってきています。日本の父

2章3節　今の子どもは幸せなのだろうか

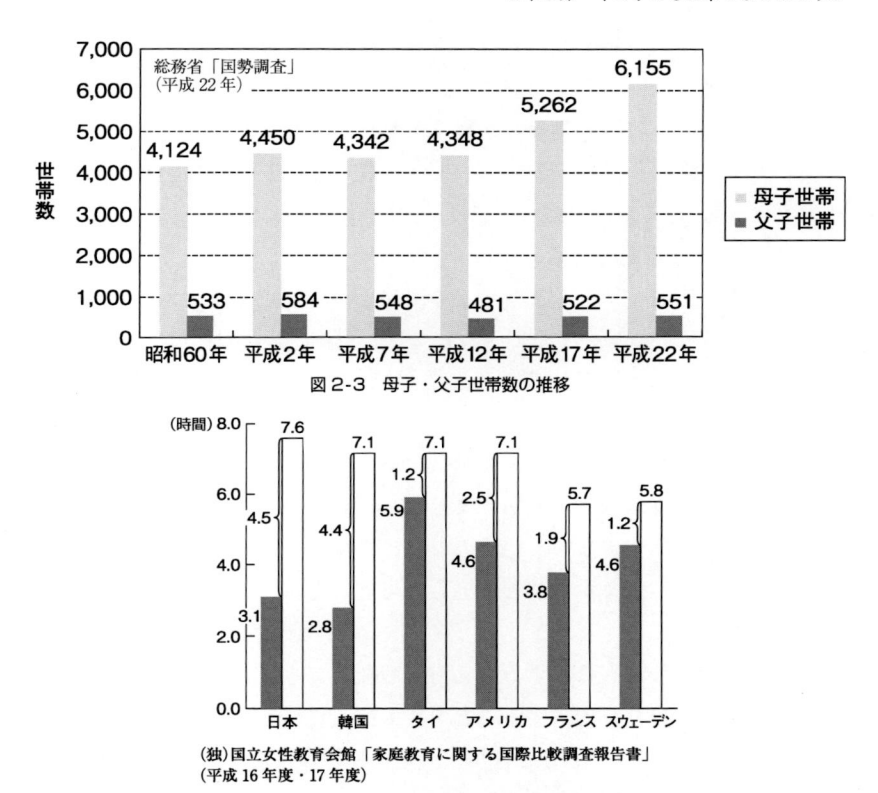

図2-3　母子・父子世帯数の推移

図2-4　父母が子どもと接する時間（国際比較）

日本の父親は、1日平均3.1時間しか子どもと一緒に過ごしていない。
（父親と母親の接触時間の差が4時間台と大きい。）

親は他の国と比較すると、子どもと遊んだり、会話をする時間が韓国に次いで短いということがわかっています。

　家庭は何といっても社会の基本です。このままでは日本の国自体が危機的状態に陥ってしまいかねません。一緒に食事をしながらその日にあったことを話し合ったり、何となく会話をする中で子どもの悩みの様子等も理解出来るのではないでしょうか。

　このことは現在の日本社会の労働形態にも大きな問題が潜んでいます。

遅くまでサービス残業を強いられ、家族でゆっくり家で過ごすことが出来ない労働形態となっています。スウェーデン等北欧の国やオランダ等の労働形態を知る時、日本の働き方が異常とも思えて仕方がありません。何とか働き方を変えて子どもと親がゆっくり一緒に過ごせる条件を整えないと、子どもはもちろん大人も社会も、そして国自体が崩れてしまいます。

（4）社会と子どもの生活

今述べたことを、子どもと社会との関係という視点で考えたいと思います。先ず地域社会についてみてみましょう。現在、特に大都市においては、地区はあるが地域は崩壊しているといってよいと思います。何丁目何番地という地区名はあっても、それだけでは、地域とはいえません。地域とは人の行き来、交流があって初めて地域といえるのです。現在では近所に住んでいても、交流はほとんどありません。これでは子どもは育ちにくいのです。子どもが幸せになるということは、地域の中でいろいろなことを教わったり、楽しんだりすることを通して可能となる、ということを知っておきたいものです。

また、社会の子どもに対する考え方も変化してきました。かつては子どもが地域で遊んだり、行動することを大人は大目に見ていました。現在では子どもが子どもらしく、ごく自然に大声で呼び合ったり出来る環境がめっきり減って、地域で楽しく遊ぶことが出来なくなってきました。これでは子どもは楽しくありません。幼児たちは地域で年上の子どもたちの遊びを見ることによって、遊び方を学ぶことが出来ました。また、目上の人たちの行動を見て関わり方を身につけたのです。こういう点からも地域での遊びはとても重要です。

もう一つ、地域の大人の交流がかなり減ってきたことも問題です。というより、ほとんどなくなってきたといってもよいくらいです。大人の交流があるところには、子どもの育ちを育み合い、子どもの成長と子どもの幸せを願う働きが生まれます。地域全体で子どもの幸せを願いながら生活をつくり出すのです。

（5）園生活と子どもの幸せ

　幼稚園や保育園は現在、子どもの発達援助の場として存在しています。毎日子どもと園で生活をしながら、保育者は子どもの発達を強く意識し、そのための援助に心を砕いています。

　しかし、そうした保育者の発達のための援助は、子どもの幸せをどう考えてなされているのでしょうか。保育に対する親の願いもわが子の発達の援助であり、その願いに応えるように保育者も日々頑張っています。しかし、ここで考えなければならないことは、子どもの発達を意識するあまり、園生活の中で、子どもが楽しく、幸せに過ごせているかということです。そして、園生活の中の発達が、将来の幸せにどう繋がるのかが見えにくいということです。発達は、子どもの幸せに繋がるのでなければ意味をなしません。もう一度、子どもの発達と幸せとの関係を考えなければならないのではないでしょうか。私たちは、園生活のあり方を根本から考え直す必要があるのではないでしょうか。

（6）今の子どもは幸せか

　さて、ここで今のわが国の子どもたちは幸せなのかということについて考えたいと思います。先ず、わが国の子どもは、他国に比べて一定程度いのちの危険は守られているといってよいと思います。その意味では幸せです。戦争もしていないし、内戦もありません。暴動や、理不尽な殺人も少ないし、町は他の国に比べてかなり安全です。また、課題はあるにしても医療の面でもまずまず進んでいます。こうした点では、冷静に考えてみると、日本の子どもは幸せです。しかし、子どもの暮らしの内容からみると、子どもは果たして幸せだといえるのでしょうか。

　私はそうは思いません。それは前にも述べましたが、いくら社会の状況がよいといっても、親の仲がよくなければ子どもにとっては悲しいし、大好きなお母さんとお父さんの仲が悪ければ子どもが喜べるわけがありません。ましてお父さんがお母さんに暴力をふるう等のことは、子どもにとっては苦痛そのものです。

また子どもが幸せだといえない理由は、子どもが自分の体を自由に使って多様な体験が出来ないという点です。その原因の一つに、地域に自由に体を使って遊んだり活動したりする環境がなくなっていることが挙げられます。原っぱ、丘、水たまり、池、小川、小高い山、里山、草原、林、砂浜、竹やぶ等が姿を消してしまいました。かつて子どもたちは、こうした自然と友だちになって遊んだものです。自然の中で自然のいのちをいただいて、子どものいのちを育ててもらいました。本来、第一義的には大人も子どもも自然の一部です。その自然としての人間性が、自然に芽生えないのです。これでは幸せだとはいいにくいのです。
　また、地域に遊び友だちが少ないことも、子どもが幸せに思えない理由の一つです。子どもは前に述べように本能的に遊ぶことを欲しています。一人で遊ぶよりも、友だちと一緒に遊ぶことが何といっても楽しいのです。遊びを通して新しいことを吸収し、さらに新しいことを覚えていく、このことが楽しく幸せに感じられることです。子どもの幸せは、本能的に遊ぶことを通じて、生きる力を身につけることそのものです。
　さらに子どもの人間的な存在としての本質的な問題から、幸せについて考えてみたいと思います。それは、子どもが生活する中で、大人の「希望」に囲まれていないという点です。幼児期に生活をし、育っていくその先の「希望」が子どもには感じられないのです。大人社会の幸せが行き詰まっている状況の中で、子どもに希望が見えないということは、子どもが行く先の希望が見えない将来に向かって育っていくことを意味します。これで子どもが幸せだといえるのでしょうか。
　私たち大人は子どもが「希望」へ向かって育っていく条件を用意してあげなければなりません。そして子どもが育っていくその過程で、子どもが人間らしく育ち、人間らしい大人になっていく「希望」を持たせてやりたいと思うのです。もし、人間らしくなっていく条件が用意されないとするならば、子どもは決して幸せだとはいえないのではないでしょうか。

■4節　どうしたら幸せになれるだろうか

　何よりも大切なことは、子どもの現実をただ分析するだけではなく、実際に子どもの幸せを実現することだと思います。そこで、ここでは子どもがどうしたら幸せになるのかということを考えましょう。

　改めて考えることは、不幸だという現実があるから、幸せについて考えたいのです。そこで先ず考えたいことは、幸せに「なる」ということです。幸せに「なる」ということは、幸せでない現実から幸せに「なっていく」その過程を意味します。徐々に幸せになっていくそのこと自体が大切です。そのことを認識すべきだと思います。一気に幸せになることは滅多にないと思います。幸せに「なっていく」過程を喜び、さらに幸せを目指して生きる。そのこと自体が大切です。自分が幸せになっていく、そして家族と一緒に幸せになっていく。また、地域の人たちとも、さらに国全体、世界全体が幸せになっていくことを目指すべきでしょう。前に紹介した教育の神様といわれるスイスのペスタロッチーはよく「人類よ、人類よ」と呼びかけています。人類みんなで幸せになろう、と彼は叫んでいるのです。

（1）幸せは幸せ観による

　国、民族には歴史があり、その過程でそれぞれの文化が生み出されてきました。そして、それぞれの幸せ観が変化を遂げながら出来上がってきました。

　そして人々はその幸せ観をもとにして自分が幸せであるかを判断してきました。しかし、社会の一般的なそうした幸せ観があっても、個々の人間、子どもは、自分一人の心の中に自分なりの幸せ観をその都度持ち合わせているのだと思います。個々人の幸せについての感じ方があるのです。したがって私たちは、社会が醸し出す一般的な幸せ観がすべての人の幸せ観であるという考え方に注意しなければなりません。

　どういうことかというと、幸せについての考え方は時の権力者に有利な内容であったり、金持ちや男性、健常者、多数派、また大人に有利な内容

であったりするからです。そうした幸せ観を見抜く必要があるのです。このようなことを考えて、あくまでも私たちは、子どもの立場に立って、子どもの幸せを考えなければならないのです。

　一つ具体的な事例を挙げて考えましょう。「子どもの権利条約」という国連が出した、子どもの権利に関する世界的な条約があり、ほとんどの国が署名をし、この条約を遵守しようとしています。この条約の基本的な精神を紹介しましょう。人類はこれまで戦争や争いを続けてきました。その間犠牲になってきたのは、障害児・者、子ども、女性です。そうしたことの反省に立って、これまで「子どもの権利宣言」等が出されてきました。しかし、それらはあくまでも宣言であって、法的な義務を課していなかったのです。そしてそれらの内容は「子どもを守る」というものでありました。しかし、「子どもの権利条約」は「子どもは単に守られる存在ではなく権利の主体である」という内容を基本として打ち出しました。

　子どもの感じ方、考え方を尊重し、子ども自身の幸せを子どもの立場に立って考えようとするのです。このことはかなり重要です。これまで、いや今もまだ大人中心の子どもの考え方が大手をふっています。今こそ私たち大人は、猛反省をし、子どもの立場に立って子どもの幸せを考えなければなりません。具体的には子どもの意見をきめ細かく聞きながら、子どもの幸せを考えるということです。

（2）私の幸せ観

　そこで、私の幸せについての考えを述べてみましょう。

　私は、幸せを金や物質的なものを中心に置いて考えるのではなく、心の問題を中心に考えたいと思っています。先ずは、「いのちがあって普通に生きられる状態が幸せである」と考えたいと思います。金や物はきりがありません。いのちを保つのに必要最小限のものがあればよいとする考えを持てることが幸せだと思いたいのです。

　そして、このことと関連しますが「感謝出来ることが幸せ」であると考えます。人間の欲望はきりがありません。次から次へと欲望は膨らみ、人

を満足の状態に決して置きません。それでは幸せはいくら待ってもやっては来ません。そしてその状態の中で不満を抱きながら生きるのです。「感謝の心」があれば、いつも満足な状態で過ごすことが出来ます。欲望を追い求める生活を続けるのか、今ある状態に感謝する生活を続けるのかで、心に感じる幸せ感は異なります。

　また、このことと関連して、心理学者のフランクルは「人間の苦悩の中の忍耐」を高く評価しています。さまざまな生活の状況の中で、人間は苦悩し、悲しみに襲われることがあります。いわゆる不幸と思えるような状況の中で、「忍耐が出来ること」は、人を次の生活へ導いてくれ、そして「希望」をもたらすことにも繋がります。もっというと、「苦しみが幸せを運んでくれる」ともいえましょう。苦しみは誰しも喜ばしいことではありません。しかし、苦しみをじっと見つめ、苦しみに耐え、乗り越えていくところに人間の幸せがあると思うのです。人間には、決まった、行くべき道はもともとありません。進む道にやってくる個々の困難を迎えて、その困難なことに向かって戦い、乗り越えていくこと自体が幸せなのだと思えてなりません。

　そしてもう一つ言いたいことは「幸せは、死を受け入れ、感謝して地上を去る心である」ということです。日常の生活の中で、常に生きていられることに感謝し、いつ死んでもよいと思いながら、生きることが出来ること、これこそが究極の幸せだと思います。この思いがあれば、どのような社会、時代の中でも、「私は幸せだ」と思えるのではないでしょうか。

　以上、私の幸せ観を基本に置きながら、さらに具体的な子どもの幸せについて述べましょう。

（3）子どもの存在自体を理解してもらうこと

　子どもが幸せになるためには何度もいいますが、子どもが正しく理解されることが欠かせません。特に子どもの五つの人権がきちんと理解されることが問われます。

　ところで人権とは何を意味するのでしょうか。それは人としての権利で

す。権利とは何でしょうか。権利の「権」は、棒秤に使った樫の木のことです。その樫の木を使って「棒秤」をつくります。棒の両端にひもをつけて下に垂らす。その下に垂らした紐の先に皿をつけます。そういう秤です。片一方の皿に何グラムかの重さの鉄を載せ、はかりたい品物をもう片方の皿に載せて重さをはかるのです。そこから「権」は、棒秤で調整した重さの品物を当然もらうことが出来る、という意味になります。「利」は当然もらえる利益のことです。合わせて、人間として当然もらえる利益ということが、権利の意味です。

　この当然もらえる利益には次の五つが一般的に考えられています。「1．生存権」。子どもは人間として何よりも生存、つまり生きる権利が保障されなければなりません。「2．生活権」。子どもは生きることだけではなく、普通に生活する権利が保障されなければなりません。最低限の衣食住が保障される必要があります。「3．発達権」。子どもが生きていくためにはさまざまな力を身につけ、発達することが必要です。「4．学習権」。発達するためには具体的に学習する権利が保障されなければなりません。そして「5．幸福追求権」。多様な力が身についたとしてもそれが幸せに繋がらなければ意味がありません。これら五つの権利が先ず保障される必要があります。

　そして基本的な問題として、子どもとはどういう存在かが理解されることが必要です。このことは困難な問題が含まれています。大人と子どもの違いとは何かを明確にすることは、そう簡単ではありません。少し考えましょう。

　何といっても、子どもは人間の一生の中で、生まれてからの最初の時間を過ごす存在だということを考えたいと思います。子どもらしいとか、大人らしいとかの内容よりも先ずは、時間的な問題として子どもを考えることが出来ます。その人生の中の時間が15年なのか、18年を指すのかは国の法律や習慣によって異なります。

　内容的にいうと、「大人のような子ども」とか「子どものような大人」等

と言われるように、子どもであっても、大人のような子どももいるし、大人であっても子どものような大人もいます。しかし、一般的には子どもとはやはり一定程度年齢が低い人間のことをいってよいでしょう。もちろん働けるようになったら大人であると認める社会もあります。

　そこでもう一つ考えておきたいことがあります。それは、大人が子どもを理解するということはどういうことなのかということです。具体的には、大人が子どもを理解することが出来るのかという問題です。私は、大人は大人になってしまった以上、子どもを正しく理解することは難しいと思います。多様な経験を積み重ねて生きてきた大人が、未だ、自分の中に経験した内容の蓄えが少ない子どもを理解することは、やさしいことではありません。

　このことを自覚することは大切です。子どもを理解することが難しいことがわかっている人は、「謙虚」になって子どもをみようとします。この態度は大切です。逆に子どものことはわかっていると思っている人は、謙虚になって子どもをきちんとみようとしません。

　このように考えると、子どもは自分をどのように見てほしいと思っているのかと、思わないではいられません。小学生になれば言葉を使って自分の何を理解してほしいかを表現することが可能です。しかし幼児の場合には、言葉で表すことは難しいのです。

　これらのことを考えて思うことは、子どもは自分を正しく理解されなくても、事柄によっては仕方がないとあきらめたりする、ということです。しかし子どもも、自分が納得できない、また我慢が出来ないことに対しては泣いたりわめいたりして要求します。大人はその子どもの態度を見て怒ったりしますが、そこは子どもと大人の戦いです。というより、子どもは大人によって制圧されてしまいます。しかし、子どもは偉いものです。子どもはかなり誤解されながら、言い分を聞いてもらえないながらも、結構大人を許しながら生活していることに、今さらながら気づかされます。このようにして、子どもは大人との関係を続けながら、その子なりに自問自答

しながら育っていくのです。

（4）家族の温かさに包まれること

　大人の理解が不足しているといっても、家族以外の人よりも家族は子どものことを誰よりも理解してくれます。一緒に暮らしているうちに、個々の子どもの性格や行動の特徴を、家族は比較的正しく理解してくれるようになります。ドイツの教育学者である、O.F. ボルノーは「被護感」という言葉を使って子どもと家族の関係を説明しています。「被護感」とは守られている感覚という意味です。「被包感」といってもよいでしょう。家族に包まれている感覚です。家族に守られている、包まれている感覚を持つ子どもは、安心して生活が出来て、安心しているので積極的に外に出ていって行動することが出来ます。これは自分が自由に積極的に生活出来るという意味で、子どもにとっては幸せだと思うのです。

　この守られている、包まれている感覚とはどういうことでしょうか。それは、じっと自分を見つめていてくれる、自分の行動に対して表情や言葉、態度で応答してくれるということです。そして、ほめてもらえたり、教えてもらえたり、注意してもらえたりすることです。未熟な自分を守り、育ててくれる存在がいることで、子どもは、安心して生きることが出来るのです。よくいう家族愛を子どもは感じて、幸せ感に浸ることが出来るのです。

（5）生活の仕方を教えてもらえること

　人間の子どもは、動物の中で最も生きる力を持っていない存在であるということを前に述べました。しかし、人間の子どもは本能的に「生きる力」を学びたいとも思っていることも紹介しました。そこで、子ども自身は、生きる力を学びたいと本能的に思っていることを再確認したいと思います。

　したがって、この当の子どもは、多様な知識、技術を教えてもらうことを喜んでいると考えたいです。自分が指を使い、手を使い、足を使って動き、その動きと共に考える力、言葉等を身につけることが喜びなのです。

　子どもは自分で考えたり、兄弟や友だちと考えたり、動いたり、言葉や動きを通して表現したり、また、多様なことを教えてもらいながら、多く

のことを身につけます。したがって、子どもの幸せが、すべて自分の自由を認められると考えることは正しくありません。子どもは自分でいろいろなことを学びたいと願っているのだから、教えてもらうことは子ども自身の幸せなのです。

　そしてもう一つ考えたいことは、子どもは自分で遊ぶことを通して、また大人と遊ぶことを通して、生活の仕方を学ぶ、ということです。一般的に食事やお風呂、トイレ、睡眠等の行為は遊びとはいいません。しかし、子どもは自分の行為が遊びかどうかを区別して意識はしていません。自分がする行為は、したいからするのであって、どれが遊びかどれが学びかは明確に区別してはいません。とにかく体全体が周囲の環境と関わって生活の仕方を知るように仕向けているのです。自分も学びたいと本能的に思っているのです。その表れの行為が遊びとみられたりするのです。

　そう考えると子どもは遊びを認められることが、その時の幸せであると考えることが出来ます。子どもの遊びが徹底的に尊重されることが子どもの幸せであるといえることになります。

（6）保育園、幼稚園のあり方

　今いったことから幼稚園、保育園のあり方を考えると、園での生活では、徹底的に遊びが保障されることが子どもの幸せだということが出来ます。園生活の基本的な内容は遊びです。このことを深く意識したいものです。遊びが基本となって園生活が組み立てられることが、園生活では何といっても大切です。

　もちろん、遊びだけではなく、保育者が子どもの育ちを見通した内容を考えて、子どもに体験してもらう内容を考えることは不可欠です。これも子どもにとって、大切なことです。

（7）子どもの幸せと社会・国家・価値観・近代の見直し・資本主義の見直し

　子どもの幸せは、その時代の社会、国家のあり方に左右されます。したがって、子どもの幸せにとっては、社会や国家がどのような内容なのかが問わ

れます。人間らしい暮らしが出来ている社会、国家か否かが問われるのです。
　2011年3月11日の東日本大震災と津波、そして福島県の原子力発電所の爆発事故が起きた以降、特に社会、国家のあり方が、そして文明のあり方が根底的に問われているのです。特に原子力発電所の爆発事故は人類のこれまでの歴史自体が問われている問題です。経済成長をひたすら目指し、便利で快適な生活を追い求めてきたそのつけが回ってきたといってよいでしょう。このことは、子どもの今後の幸せに繋がる根本的な問題です。よく考えてみましょう。
　18世紀のイギリスに始まった産業革命は人間の暮らし方に大きな影響をもたらしました。商品の生産に革命的な機械が出来た後、経済の発展には目覚ましいものがありました。その後経済は大きな発展をとげ、資本主義社会は大きく発展しました。そして現在では、市場主義社会といって、経済を市場に任せるようになってきています。政治はというと、経済成長主義をひた走り、現在に至っています。
　わが国もその同じ道をたどって今日に至っています。そうした結果、地球の資源は枯渇したものもあり、地球温暖化や自然環境の悪化をもたらしました。今や各国は天然資源の奪い合いをし、貧困問題を生み出しています。わが国も、ワーキングプアー等の言葉に象徴的に表されるように、貧富の差が顕著になってきました。今や子どもの6人に1人が貧困家庭だといわれています。
　もはやバブル経済時代のような経済の成長は望めません。今後は経済が混乱して社会が不安定になることがないように、安定した経済の持続する社会を目指すべきだと思うのです。
　そうした社会を「定常化社会」と呼ぶ人もいます。経済や暮らしを不安定にしないで、常に定まった揺れ動きの激しくない社会という意味です。地域で生産出来ることを地域独自に考え、高度な暮らしではなく、生活を節約しながら、現在ある物を有効に分け合いながら生きていく方向を目指す考え方です。そのような社会は神経をすり減らして不安なままの労働を

することは、もはやなくなります。ゆとりを持って生活すれば、地域の人々の交流が豊かになります。大人のそのような社会の中で暮らす子どもたちは、将来への競争を強いられることもなく、遊びや多様な自然の中で野外体験をして生活を楽しむ、幸せな子ども時代を迎えることが出来るようになることでしょう。

（8）贈与と交換と幸せについて

　このことを資本主義国家の経済のあり方と合わせて考えてみましょう。これまでは、物と物を交換した時代から、物と金を交換する、つまり物を金で買う資本主義社会が進んできました。物が多くある人は多く売って儲ける、金が多くある人は物を多く買うことが出来る。そうして今やマネー・ゲームといわれるように、瞬時にして億単位の金を儲ける人たちが存在するようになりました。その結果、一部の人が金を多く手に入れることが出来る社会になってしまったのです。そうなると貧富の差は激しくなり、富む人と貧しい人がはっきり分かれるようになってしまいました。このままでは資本主義国家は安定した国家にはならないでしょう。

　どうしたらよいか。それは考え方を変えることによってでしか打開は出来ません。どのように考え方を変えるのか。その答えは、物の交換から、「贈与」、つまり与える関係を社会に持ち込むことです。物と物の交換、物と金との交換から、「贈与」の関係を社会に浸透させることをしないと、資本主義社会はいずれ崩壊するでしょう。

　さて、ここまでどうしたら子どもは幸せになるかということを考えてきました。そして社会、国家のあり方が子どもの幸せに影響することを書きました。たしかに社会、国家のあり方が子どもの幸せに影響することは間違いありません。しかし、社会、国家がよくなければ子どもは幸せになれないかというと、必ずしもそうではありません。

　幸せは決して、どこかにあってそれを掴むものではありません。そうではなく、幸せは自ら生み出すものです。自分以外の社会や国家から与えられる部分の幸せもありますが、根本的には幸せは自分で生み出すものです。

社会、国家は最低限の生活を保障するための装置であって、個々人の幸せをもたらしてくれる機関ではありません。

こう考えると、個々の子どもは自分の幸せを生み出すために、自立して、自分で考え、行動することが必要になってきます。そのためには、生きるための基本的な力を身につけることが大切です。家庭でもそうですが、保育園、幼稚園ではこの自立するための力を育てるための深い保育が考えられなければならないでしょう。

■5節　保育思想家の幸せ観

（1）ルソーの幸せ観

ここでは先に紹介したルソーの幸せ観についてみていきましょう。そこで先ず、ルソーが子どもについて言っている言葉を再度紹介します。

①子どもについて

「人は子どもというものを知らない。子どもについてまちがった観念をもっているので、議論を進めれば進めるほど迷路にはいり込む。このうえなく賢明な人々さえ、大人が知らなければならないことに熱中して、子どもには何が学べるかを考えない。かれらは子どものうちに大人をもとめ、大人になる前に子どもがどういうものであるかを考えない。」

先ず、「人は子どもというものを知らない。子どもについてまちがった観念をもっている」とあります。ルソーの子どもについての幸せ観を考える時、私たちは先ず、私たちが子どもを知らないということ、そして子どもについて間違った観念を持っていることを知ることが求められます。このことはとても重要です。私たちも自分のことを間違って知られるといやですよね。不愉快になるし、何よりも間違って理解されると悲しくなるし、辛い気持ちになりますよね。でも、大人だから自分で考えて気を取り戻すことが出来ます。

しかし、子どもは反論出来ないし、自分で考えて身の処し方を考えるこ

とが出来ません。そうなると黙ってしまうか、泣くしかありません。いや、どこかに行ってしまう場合もあります。「自分はわかってもらえていない。どうしてわかってくれないのか」と子どもは家や園にいることが辛くなってしまいます。ですから、私たちは少しでも子どものことを正しく理解するようにしなければなりません。

　次に、「賢明な人々さえ、大人が知らなければならないことに熱中して、子どもには何が学べるかを考えない」と言って、子ども自身が考えることが出来るという点に気づかせようとしています。

　そして、「かれらは子どものうちに大人をもとめ、大人になる前に子どもがどういうものであるかを考えない」と言って、大人は、子どもは子どもであるのに、大人としての内容を求めると批判しています。当時の子どもは、幼児のうちから家から外へ出て大人の生活に接することが普通だったのです。早くから大人の労働を見て、労働に関わっていたのです。当時の子どもは幼児期、子ども期を過ごすことがなかったといってよいでしょう。今からするとかなりきつい、困惑する生活だったと思います。なぜなら、子どもはまだ多くの点で大人のような能力を持ち合わせてはいないのですから。当時の大人は、子どもがどういう特徴を持っている存在かを知らないまま、子どもを早くから大人の世界に引っ張り込んでいたのです。

②ルソーの幸せ観をみるときに基本となる人間観

　1章でも引用しましたが、かなり重要なのでもう一度引用して考えましょう。

　「万物をつくる者の手をはなれるときすべてはよいものであるが、人間の手にうつるとすべてが悪くなる。」

　これは『エミール』にあるルソーの人間観です。そして人間の幸せにつながる思想の基本的な内容であり、また、ルソーの教育の基本となる考えです。人間は万物をつくる者、すなわち神の手から離れて生まれた時はよいものであるが、人間の手に移ると悪くなる、と人間の存在の根本を言い当てています。言うならば「生まれながらよい人間」が、人間の手に移る

と「悪い存在」になる、と言うのです。生まれた時はよい存在であるということは、幸せであると言い換えることも出来るのではないでしょうか。また、人の手に移ると悪くなるということは、不幸になるともいえるのではないでしょうか。根本的にルソーの幸、不幸の問題はこのような人間観との関係で捉えられないでしょうか。

　そして、ルソーは、「子どもは子どもとしての人間である」と言って、この見方が子どもを子どもとして幸せにするのだと言います。ルソーはまた、次のように言っています。

　「人類は万物の秩序のうちにその位置をしめている。子どもは人間生活の秩序のうちにその位置をしめている。人間を人間として考え、子どもを子どもとして考えなければならない。それぞれの者にその位置をあたえ、かれらをそこに密着させて考え、人間の情念を人間の構造にしたがって秩序づけること、これが人間の幸福のためにわたしたちにできることのすべてだ。そのほかのことは外部の原因に依存していて、わたしたちの力ではどうすることもできない。」

　先ず、「人類は万物の秩序のうちにその位置をしめている」と言っています。ここで確認出来ることは、人類は宇宙の万物の秩序のうちに構成員としての位置を占めているということです。

　そして「子どもは人間生活の秩序のうちにその位置をしめている」と言っています。子どもは、人間生活の秩序のうちに、子ども期という位置を占めていて、その時を過ごすという意味です。したがって「人間を人間として考え、子どもを子どもとして考えなければならない」と言うのです。これは、人間に対しては人間としての存在として考え、子どもに対しては、子どもとしての存在として考えなければならないという意味です。

　さらに彼は、人間の一生の中で大人のうちは大人の位置を、子どものうちは子ども独自の位置を与えることこそが人間の幸せのために出来ることだと言っています。

　ルソーの基本的な人間観をみましたが、次にルソーの幸せ観について実

際にみてみましょう。

③幸福とは何か

　ルソーは「絶対的な幸福とか不幸とかいうことはわたしたちは知らない」と言っています。天才ルソーも、絶対的な幸福、不幸については知らないと言っているのです。ルソーは、この世ではすべてのものが入り混じった状態にあり、純粋な感情は味わえないと言います。そのような社会では、幸福も程度の違いであって絶対的な幸福はわからないという意味です。私たちもこのことは認めなければならないでしょう。

　「人はみな幸福でありたいと思っている。しかし幸福になれるには、幸福とはどういうことであるかをまず知らなければなるまい」とルソーは言います。絶対的な幸福はわからないが、ある程度、幸福がどのようなものであるかは知らなければならないということでしょう。そして「自然人の幸福はその生活と同様に単純だ。それは苦しまないことにある。それは健康、自由、必要なものから成り立っている」と言います。この言葉はルソーの幸せ観についての基本的な内容といってよいと思います。ここでは自然人という言葉を使っています。自然に導かれている人は自然人です。自然に導かれて生きる人の幸せは単純だというのです。その内容は、苦しまないことにあって、健康、自由、必要なものから成り立っていると単純に言っています。

　しかしルソーは、間違った子育て、教育によって社会や教育は子どもに「生きて幸福になることだけは教えない」と言い切っています。ここからも学ぶことは、彼は、「自然」が子どもをよりよく教え、幸せにするということです。それゆえ「自然は最良の教師である」と宣言するのです。そこから、自然に逆らう大人の考えに対して「わざわいなる先見の明、それは一人の人間をいつしかしあわせにしてやれるというおぼつかない希望にもとづいて、現実にみじめなものにしているのだ」という言葉が表されるのです。

　そう言った後、ルソーは次のように言います。

　「もっとも幸福な人とはもっとも苦しみを味わうことの少ない人のこと

だ。もっとも不幸な人とはもっとも喜びを感じることの少ない人のことだ。苦しみはかならず楽しみよりも多くある。これはあらゆる人にとって共通のちがいだ。この世における人間の幸福はしたがって消極的な状態に過ぎない。それは人が味わう苦しみの最少量によって計られるべきだ。」

　ここからみられるルソーの幸せ観は、苦しみが少なく、喜びが多いということです。したがって幸福は物が多くあるとか、際立って人より優れた何かがあるということではありません。ここからルソーの幸福は積極的なものではなく、消極的な状態であるということがわかります。先に日本語の「幸福」という語について紹介しましたが、まさにルソーがここで言う幸福の内容と同じであることが確認できます。

④欠乏と欲望と能力

　さらにルソーは次のように言うのです。

　「苦しみの感情にはいつもそれからのがれたいという欲望がともなう。喜びの観念にはかならずそれを楽しみたいという欲望がともなう。いっさいの欲望は欠乏を前提とする。そして欠乏の感情にはかならず苦しみがともなう。だから、わたしたちの欲望と能力とのあいだの不均衡のうちにこそ、わたしたちの不幸がある。その能力が欲望とひとしい状態にある者は完全に幸福といえるだろう。」

　ここから学ぶことは、欲望と能力との関係です。能力と欲望が等しい状態にある人が幸福である、とルソーは言うのです。

　こう言ってそれでは「ほんとの幸福への道はどこにあるか」と問い、「それはただ能力をこえた余分の欲望をなくし、力と意志とを完全にひとしい状態におくことにある」と言い切っています。「自然は直接的には本来自己保存に必要な欲望とそれをみたすのに十分な能力だけを人間に与えている」、と彼は言います。自然の状態の近くにとどまっていればいるほど、能力と欲望の差は縮まる、と言うのです。したがって人間の不幸は物を持たないことにあるのではなく、それを感じさせる自分の能力を超えた欲望のうちにあるのだ、と説きます。

これらの内容を違った言葉で幸福に関連させて、「あるがままで満足している人はきわめて強い人だ」とも言います。また、能力との関係で欲望を過大に抱くことによって「しばしば、自分に欠けているものを手に入れるいちばんいい方法は、自分がもっているものを捨てることだ、ということになる。わたしたちの幸福をもっと大きくしようと、たえず心を苦しめることによって、わたしたちは幸福を不幸に変えてしまうのだ。ただ生きることだけを願っている人はだれでも幸福に生きることができよう」と言っています。

　わかりやすい内容ですね。あるがままで満足すること、ただ生きることを願うこと、こうした考えが幸福なのだと言うのです。

　具体的な内容についてもう少しみてみましょう。

　「子どもの幸福も大人の幸福もその自由を行使することにある。自分で自由の用を足せるなら、その欲することを行う人は誰でも幸福だ」と言っています。そして、子どもの将来の幸せについては「子どもが耐え忍ばなければならない苦しみにたいしてかれを強くすることによって、わたしは将来の幸福を準備しているのだ」と言い、苦しみに耐え忍ぶ力をつけてあげることが、将来の幸せに繋がることだと主張しています。

　そして今言った、苦しみとの関係で「大きな幸福を知るためには小さな苦しみを経験しなければならない」とし、小さな苦しみを経験することの必要性を説いています。このことを「子どもを不幸にするいちばん確実な方法はなにか、それをあなた方は知っているだろうか。それはいつでもなんでも手に入れられるようにしてあげることだ」と、具体的に説明しています。

　ルソーは先にもみたように、子どもが自然の導きによって生きていけば幸せになると言っています。「かれ（著者注：エミール）は、自然が許してくれたかぎりにおいて、満足して、幸福に、自由に生きてきたのだ」と言っています。

　感受性の強いルソーは、自分が当時の社会や大人と考えや生き方につい

て違うことに悩みながら、幸福について自分の考えを深く考えて、まとめてくれました。ルソーから学ぶ幸せ観は、再度言えば、物を多く持っていることや、高度で、便利で楽な生活が出来ることを指すのではなく、苦しみが少ない生活であるということです。そして苦しみは必ずやってくるので、大きな苦しみではなく、小さいころから小さな苦しみは経験したほうがよいということです。

　以上のことから小さな不便を経験し、小さな我慢を経験することで、忍耐心を育てることが子ども時代と将来の幸せに繋がることを学ぶことが出来ます。

（２）ペスタロッチーの幸せ観

　ペスタロッチーは先にも紹介したように18世紀のスイスの教育思想家です。ここでは彼の幸せ観を、彼の主著である『隠者の夕暮』を中心にしてみていきましょう。

①神との関係での幸福

　ペスタロッチーは「幸福」という言葉を時々使います。この言葉は一般的に使う幸福という言葉の内容と同じです。一方、彼は「浄福」という言葉をよく使います。しかしこの「浄福」は、現在では一般的には使われません。ペスタロッチーがこの言葉を使う時に、彼は内的、精神的な内容を重視した「幸福」を考えています。ルソーと違って彼はクリスチャンなので、神を中心に置いて人間のあり方を考えます。信仰と関係した内的、精神的な幸福を重視するのです。このことを先ず知っておいてください。

　「神の親心、人間の子心、君の親心、民の子心。すべての幸福の源。」

　これは『隠者の夕暮』の最初に出てくる言葉です。ペスタロッチーの考えの根本にはキリスト教の神が存在し、神の愛の心が社会の基本として考えられています。ペスタロッチーは神の愛が社会の基本にあって、その神の愛に対して人間が子どもとしての子心を持つこと、そして社会を導いている君主が神の愛を知って親としての心を持ち、国民がその君主の愛に対して子どもとしての子心を持つことが幸福の源であると明確に言っていま

す。

　この冒頭の言葉が基本となっていますが、はじめにペスタロッチーの幸せ観について概略を紹介しましょう。

　何といっても今言ったようにペスタロッチーの幸せ観の基本には神が考えられます。そして神に対する信仰が幸福の土台であることがみられます。そして幸福が「安らぎ」「平和」「知識」「徳性」「正義」等と関連づけられて主張されています。また、こうした内容が基本となって「家庭の幸福」があることが強調されています。

　これらの内容をペスタロッチーの実際の言葉を引用しながら、みていきましょう。

　「神こそ汝の家の父でもあれば汝の淨福の源泉でもある。」

　ここでは、神が汝の「淨福」の源泉であると言っています。先にいったように、彼にとって幸せは、物や金ではなく人間としての内面の問題として考えられています。いくら物や金があっても自分自身が心で幸せと思えなければ、真の幸せとは考えられていないのです。

　そしてこの「淨福」を求めることは人類、またペスタロッチー自身の目標であると、次のように言うのです。

　「われわれの本質の奥底における満足よ、われわれの本性の純粋な力よ、汝、人生の淨福よ、汝は決して夢ではない。汝を求め汝を探究することは、人類の目標でもあればまた使命でもあって、しかもまた汝は私の要求でもある。」

　しかもこの「淨福」の力は、人間の本性の奥底に横たわっていると言うのです。

　「人類の純粋な淨福の力はすべて技巧や偶然の賜物ではない。それらはすべて人間の本性の奥底にその根本的の素質と共に横たわっている。それらの淨福の力を完成することは人類の普遍的な要求だ。」

　また淨福を信仰との関係で、「神に対する信仰はすべての智慧とすべての淨福の源泉でもある」と言うのです。

同じように「人類の純粋の淨福よ、汝は信仰の力でもあれば、またその結果でもある」と言っています。そして信仰の源泉について「単純と無邪気、感謝と愛とに対する純粋な人間的な感情が信仰の源泉だ」と言い、そしてこの信仰は人間の本性の中にあるとして、「人間よ、汝の本性の奥底に、真理と無邪気とそして単純とを信仰と崇敬とを以て聽くところのものが横たわっている」と言っています。

　信仰は人間の本性に横たわっていると言うのです。また、「人間よ、汝自身を信ぜよ、汝の本質の内的感覚を信ぜよ」と言って、自分の本質の内的感覚を信じるように呼びかけるのです。

②淨福と家庭

　次に子どもは家庭で生活をしているので、家庭と淨福との関係を、君主との関係からみましょう。ペスタロッチーは、「国民を教化して彼の本質の淨福を悦楽するようにするためにこそ、人民の長たる父があるのだ」と言っています。ここでは、国民の長として君主は国民を教育して、国民が自分の本質の淨福を悦楽、すなわち楽しむことが出来るようにするために存在している、と言っています。そして次のように言っています。「すべての国民は家庭の淨福を悦楽することによって、君主の親心に対する子としての純粋な信頼のうちに安らい、そしてその君主が子たちを教育し向上させて、人類のあらゆる淨福の悦楽に到らせる父としての義務を果すことを期待している。」

　ここでは国民は、家庭の淨福を味わうことによって、君主が父としての義務を果たすことを願っていることを主張しています。なぜならば「彼らは、その国民に淨福を与えるように作られた神力ある人々だ」と言うのです。

　何といっても人間にとって「家庭的幸福」は大切であることを彼は強調するのです。「人間は家庭的幸福の純粋な淨福を静かに味得するために、自己の職業にも励めば、また市民的制度の重荷にも耐えるのだ」と言っています。そして続けて「だから商業及び階級状態のための人間の陶冶は、純粋な家庭的幸福を味得するという究極目的に従属しなければならない」と

も言うのです。

これまで子どもの幸せ自体については、述べてはいませんが、子どもと親が家庭を中心として生活している状況の中で、親子共に君主の父としての務めによって幸せを味わうことが出来るという内容がみて取れます。

そして君主自身の信仰と国民の淨福との関係について「すべての国民の淨福の唯一の源泉たる君主の親心は、神に対する信仰の結果だ」と言っています。

③淨福と単純と無邪気との関係について

次に「淨福」と他の内容との関係についてみていきましょう。先ず、淨福と単純と無邪気について次のように言っています。

「人間の淨福はすべて単純と無邪気とのこの感覚に基づいている。」

ここで言う単純と無邪気においては、子どもが何の疑いもなく、親を信じる心、そして神を何の疑いもなく信じ、自分を委ねる心を表しています。人間の淨福はこのような、人や世界を信じ自分を人や世界に委ねる心を指します。このような心こそが人間に淨福をもたらすと、ペスタロッチーは説くのです。

さらに身分に関わりなく「単純と無邪気との上に基礎を置いている智慧と力とは、どのように高い身分の人間にも欠くことのできない要求である。と同時に、どのような地位、どのように低い身分の人間にも淨福を与える分け前だ」と言ってこの単純と無邪気の上に基礎を置いている智慧と力は、社会的な身分を超えて、どのような人にも淨福を与える、と言います。

④淨福と陶冶された人間らしさ

次に淨福と陶冶された人間らしさとの関係をみましょう。

「君主よ、この世の淨福は陶冶された人間らしさであり、そしてこの人間らしさによってのみ、啓蒙と智慧とそして一切の法律の内的淨福との力が働くのだ。」

ペスタロッチーは、この世の淨福は陶冶された人間らしさであると考えています。この場合の人間らしさとは、「愛」を基本として知的能力、行動

能力が調和的に身についた人間を指すと理解出来ます。

　そしてルソーと同じようにペスタロッチーも「足ることを知らない人は、家庭的淨福の団欒のなかにあっても、祝祭日における彼の舞踏も演奏会における彼のヴァイオリンも、講堂における彼の講演も、喝采されなかったと言って憤慨する」と評しています。ペスタロッチーは「足ることを知らない人」は、一見すると家庭的な淨福の中にあっても、彼の人前での演奏等も、喝采されなかったと言って憤慨する、と言うのです。

　先にみたように、ルソーは、自分の欲望が自分の能力以上のものである場合、人は不幸であると言って、自分の能力内の欲望で満足することが幸福であると言っています。この考え方とペスタロッチーの考え方は似ています。

⑤淨福と人間の徳性

　次に人間の徳性と淨福との関係についてみましょう。

　「子供の徳性は徒弟時代の淨福であり、また生涯のすべての淨福を味得するための汝の素質の最初の陶冶だ。」

　子どもにとって、子どもの徳性は子ども時代の淨福そのものであり、子どもに徳性を陶冶することは生涯のすべての淨福を味わうために必要であると説いています。

⑥淨福と偉大な宗教思想

　ここまでに、ペスタロッチーの幸せは「淨福」という内面的な宗教的な幸せを意味することを述べました。そこで最後に、再度彼が強調している宗教的な内容を紹介しましょう。

　「正義とすべてのこの世の淨福との源泉、人類の愛と同胞心との源泉、これはわれわれが神の子であり、そしてこうした真理に対する信仰がすべてのこの世の淨福の確かな基礎であるという偉大な宗教思想に基づいている。この偉大な宗教思想のうちに、国民の純粋の淨福を求めるすべての真の国家的智慧の内的精神が存在している。」

　ここには人間が神の子であるという信仰が、この世の淨福の基礎である

という宗教思想が表されています。そして続いて、神を忘れたり、人間が神の子であるということを誤認することは淨福力を破壊する源泉であると説いて、次のように言っています。

「そして神を忘却したり神に対する人類の子としての関係を誤認したりすることは、全人類における人倫と啓蒙そして智慧との一切の淨福力を破壊する源泉だ。したがって人類が神に対してこのように子心を失うことは、世界の最も大きな不幸だ。」

このように戒める彼は、次のように言います。

「到るところで失われている神に対する子心の感情を、苦しみと死とをもって人類のために回復した神人はこの世の救済者だ。彼は主の犠牲となった牧師だ。彼は神と神を忘れた人類との間の仲介者だ。彼の教は正義を陶冶する国民哲学などではなくて、失われてゆく神の子の種族に対する父なる神の啓示だ。」

これは神人(全き神であり全き人)であるイエス・キリストを指している言葉です。失われている神に対する子心を、死をもって回復したキリストは、この世の救済者であり神と人類との仲介者であり、神の啓示であると叫ぶように訴えています。子どもを含む人間の幸せはキリストにあることを根本的な考え方として説いています。

ここまでは『隠者の夕暮』から学ぶペスタロッチーの幸せ観です。そこで次に彼の『幼児教育の書簡』という幼児の教育について書かれた著書から幸せ観を学びましょう。

⑦母親と幸福について

「いかなる人の職業が最も神聖、最も厳粛、最も敬虔なものに見えるか。あなたは即座に答えて叫ぶであろう。『疑いもなくそれは人間の本性を精神的に向上させることに、その生涯を捧げている人の職業である。他人を幸福に、しかも久遠の幸福に導くことを職業とするものこそ真に幸福に違いない』と。善いかな! 幸福な母親よ! それこそあなたの天職なのだ。」

ここには、他人を幸福に、しかも久遠の幸福に導くことを職業とする者、

すなわち母親こそが幸福だと賛辞を込めて表しています。

そして母親の育児において「いずれの能力が彼女の子供の将来の幸福にもっとも重大な意味を持っているか」と言い、母親に「いやしくも幸福が単に仮象としてのみならず実態としてその姿をあらわすところでは、どこでも歩みをやめて静観し、できればその幸福がどんな性質を持ち、またそれがどこに由来するものであるかを、吟味していただくようにお願いしたい」と切願しています。つまり、幸福がどんな性質を持ち、それらがどこに由来するものであるかを吟味してほしいと訴えているのです。

そして母親に重要なことを訴えています。

「神はあなたの子供に人間の本性に関するすべての能力を付与している。しかし重大な事がらはなお未解決のままで残っている！ どうしてこの心臓と、この頭脳と、この両手は使用せられるべきであるか。それらはなにびとへの奉仕に捧げられるべきであるか。この質問に対する解答こそ、あなたにいとしいかの生命に対する、幸か不幸かの将来を妊(はら)んでいるものなのである。」

ここに表現されている「心臓」「頭脳」「両手」とは、「心的能力」「知的能力」「行動能力」を指します。この三者は誰に捧げられるべきか。この考え方が子どもの幸か不幸かの将来に関わることであると真剣に叫ぶのです。

ペスタロッチーはこのように言って、「神は良心の声を子供のうちに植え付けている。しかも神はさらにそれ以上のことをしている。神はこの声に耳を傾ける能力を彼に与えているのだ」と解説しています。神は子どものうちに、良心の声を植えつけていると言います。そして神は、その良心の声に耳を傾ける能力を子どもに与えていると厳粛に説くのです。

そうして、子どもの幸せをもたらす母親の働きについて、次のように言って戒めを表します。

「母親が誤って際限もなく甘やかすようなふうになっていたとすれば、たとえいかほど善意から出たにせよ、彼女の取り扱い方に分別を欠いていたということがあまりにもてき面にあらわれるであろう。それは彼女にとっ

ては絶えざる不安の源泉であって、その子供に満足を与えることもないであろう。母はその子供の幸福を確保することもなくて、ただいたずらに彼女自身の安静を犠牲にするにとどまるであろう。」

母親が子どもを際限なく甘やかすならば、その結果はてき面であると言います。もし子どもを甘やかせば、彼女自身が不安になり、子ども自身にも真の満足を与えない。つまりそうした母親は子どもに幸福を確保できないと言うのです。

そして「望むところを少なくし、満たされるところをさらに少なくすること」を要求しています。前にも出てきましたが、望むところを少なくし、満たされるところをさらに少なくすること、これを母親に要求しています。現在のわが国の子育てにとってしっかり噛みしめるべき言葉です。

⑧教育の目的と幸福

ペスタロッチーは「教育は彼に幸福を与えることに役立つべきである」と明確に宣言しています。このことを今のわが国の保育・教育に対する警鐘であると、深く自戒しなければなりません。保育・教育が子どもの発達、発達と叫び、能力の伸長に力を注いでいますが、その伸びた力が子どもの幸福に繋がらないのでは全く意味を持ちません。子どもの能力が子どものためというより、社会、産業・経済のために利用されていることを私たちは見抜かなければなりません。子どもは「幸せになる権利」を持っています。果たして現在の保育・教育が子どもの幸せにどう繋がっているのか、このことについて自信を持って言える人がどれくらいいるのでしょうか。

以上、ペスタロッチーの幸せ観を学びました。彼の子どもの幸せを熱望する心の姿から、何が現在の子どもの幸せに生かせるかを考えることが問われます。

（3）オーエンの幸せ観

オーエンは、個人の幸福が何であるか、あるいは個人がどう幸せになるかについては、多くを表してはいません。彼は、他者また社会の幸せとの関係で個人の幸せを考えているといってよいでしょう。

そして幼児だけの問題として幸せを捉えるのではなく、民衆、特に貧しい民衆全体の中での幼児の幸せを考えています。したがってこれからオーエンの幸せ観をみていきますが、大人も子どもも、幸せになる道は基本的に同じであるとオーエンは言います。そのことを頭に置いて読んでください。

ここでは主に彼の『新社会観』と『オウエン自叙伝』を中心に、彼の幸せ観を紹介します。

①幸せと政治

先ず、オーエンは民衆が幸せになるためには政治が大きな働きを担うことを指摘し、「政治の目的は統治する者とされる者とを幸福にすることにある」と明言しています。彼は政治の目的は何といっても、政治を担う者と民衆を幸せにすることだと宣言します。しかしその一方で、次のように言い切っています。

「これまで書かれ、今なお印刷機械から毎日吐き出されている万巻の書物の中に含まれているいっさいの博識の羅列にもかかわらず、人間の幸福につながる進歩の第一段階の知識は人類の大集団によって知られていないか、または軽視されたままである。」

ここで彼は、人間を幸せにする知識は軽視されていると怒りを表しています。

②人間と幸せを考える

さてそこでオーエンの、人間と幸せとの関係をみるために、次の言葉を紹介しましょう。

「人間は生まれながらにして幸福を得たいとの欲求をもつ。この欲求が人間のすべての行動を引き起こす主要な原因であり、生涯を通じて持続する。」

彼は、人間は生まれながらに幸福を得たい欲求を持っていることを見抜いています。そしてこの欲求について「人間における幸福の欲求は（略）胎内で当人の無意識のうちに形成される」ということによって、この欲求は当人が意識しない前にすでに形成されていると分析しています。そして

「人間は、過ぎしすべての時代を通じて、たえず幸福をのぞむように創られてきた」と人間がいつの時代にも、幸福を望むように創られてきたと主張しています。

③幸せになるために

しかし、具体的には「幸福を追求したいという真の欲求は、幸福が永久に増大されていく基盤に立ってのみ生じる」と言っています。人間は生まれた後、真に幸福になるためには、幸福が永久に増大する基盤に立たなければならないと指摘します。

そして、そのために彼は他の何でもない、「よい原理」に立つように進めています。そのよい原理とは、「自己の幸福であり、はっきり理解されどこでも変わりなく実行される。それはまた地域社会の幸福を促進せずにはいられない行為によってのみ達せられるのである」とし、地域社会の幸福は、それを促進しないではいられない行為によってのみ達成されると訴えます。同様に人類の幸福の増大はただ何もしないのではなく、努力が必要であることを次のように訴えています。

「個人の幸福は、身の回りにいるすべての人々の幸福を増大させ拡大させようとする積極的に努力する度合いに応じてのみ増大され拡大されるのである。」

このことを次のようにも言っています。

「各人は自分のできる範囲内で他のすべての人の幸福を促進しようと努力せざるをえない。なぜならその努力こそが利己心の本質、すなわち自己の幸福の真の原因であることをはっきりと一点の疑念もなく把握するに違いないからである。」

さらに、幼児の幸福は、情操と習慣で決まるということを次のように表しています。

「人間の幸福は、すべてではないにせよ主としてまわりの諸個人の情操と習慣はもちろんのこと、自分自身の情操と習慣次第で決まるし、またどんな情操や習慣でもすべての幼児に与えられるものであるから、幼児の幸福

に役立ちうる情操だけが与えられるようにしてやることが第一に重要である。」

④幼児と幸せ

そしてなお、幼児が幸福になるためにオーエンは次のことを言います。

「自分のお友だちにけっしていじわるしてはいけません。それと反対にお友だちを幸福にするのに全力を出すようにしなさい。」

オーエンは、友だちを幸福にすることをかなり重視しています。そして幼児教育に携わる教師に対しては、「遊び仲間を幸福にするようにしなければならぬ。年が４歳から６歳までの者は年下の者を特別に世話し、また力を合わせてお互いが幸福になるように教えよ」と強く求めるのです。同じ内容を「教師は、あらゆる機会をのがさず各人の利益と幸福、ならびに他の個人の利益と幸福との間にあるはっきりした切り離せない結びつきを教えなけなければならない」と諭します。オーエンは幼児が自分の幸福が他の友だちの幸福と関係があることを早くから教えるように強調して訴えているのです。

⑤幸せと知識・環境

この基本に立ってオーエンは知識が幸福をもたらすために大切であると説いて、次のように言っています。

「人間が体験する悲惨ならびに享受する幸福は、かれが受け入れる知識の、そしてまわりの人々のもつ知識の種類と程度しだいで決まる。」

また、「自己の幸福の欲求、または自愛心が真実の知識に導かれるにしたがって、人間にとって有徳で有益な行動が増加していく」と言うことによって、真実の知識に導かれ、そして幸福の欲求や自愛心が有益な行動になっていくと説明しています。

さらに人間の幸せにとっては、環境が大切であることを次のように述べています。

「人間はゆっくりと必ず幸福を増進させていく環境に取り巻かれること、理解ある者にとってはっきりされていくであろう。」

このように、オーエンは幸福になるためには、幸福を増大させる環境が不可欠であることを再三訴えます。

⑥幸せの内容と方法

さて、そこで、人間の幸せの内容が何であるかをみてみましょう。

「人類の幸福の創造には、二つのことが常に必要とされてきた。第一、生まれ落ちるときから死ぬまで、すべての人にむかって実際に良い性格。第二、すべての人びとにむかって常に真の富がありあまっていること。」

ここでは、人間の幸せはよい性格が大切であること。そして真の富が有り余っていることの二つが明示されています。オーエンが言う「性格」とは、個人的な、たとえば優しさ、温かさ、忍耐心等もありますが、民衆のことを自分のように考える、協同的な内容を意味していると解釈してよいと思います。

そして幸せの具体的な内容について「人間の幸福は身体の健康と精神の平和の基礎の上にのみ築かれる」と言うことによって、幸せの内容が身体の健康と精神の平和が基礎となることを明らかにしています。もっと具体的に紹介すると、おもしろいことに「ダンス・音楽・軍事教練・地理の課業」が学べる時の子どもは幸せだと語っています。また「広い部屋、清潔で空気調節が行き届いている部屋、新鮮な食事、さっぱりした衣服」を幸せの内容として掲げています。

これらの内容は貧しい民衆の子どもにとっては普段実現していない幸せの内容として当然挙げてよい事柄でしょう。ペスタロッチーやフレーベルが人間の内面的、精神的な幸せを説くのと違って、オーエンは、民衆の子どもの現実の生活的な幸せに目を配るのです。

そして、この民衆の幸せをもたらす方法について、彼は当時の民衆の子どもについて次のように言います。

「万人の幸福のために万人がもっていなければならない性格を人類に与えたいと思う人は、必ず娯楽とレクリエーションの周到な準備をするであろう。安息日は本来この目的のためにあった。それは人類にとって普遍的な

楽しみと幸福の日となるように設けられた。」

　1日11時間も働かされていて、食事の時間はほんの30分程度しかなかった当時の民衆の子どもにとっては、娯楽とレクリエーションは、この上ない喜び、幸せであったのです。抽象的な幸せではなく、現実の過酷な生活と労働に追われていた当時の貧しい家の子どもにとっては、何よりも娯楽やレクリエーションは幸せなことだったと思うのです。

（4）フレーベルの幸せ観

　フレーベルは子どもの幸福を優先的に重視して考えたり、書いたりはしていません。ことさら幸福という用語を使って幸福の定義や内容を追求してはいません。どちらかというと、子ども自身が、人間として育ち「これでよい」と考える内容を探求し、表現しています。その際に彼は「生命に満ちた」とか「安らい」、また遊びとの関連で子どものよりよいあり方としての「幸せ観」について述べています。そして彼は神との関係の中で育ち、神と合一して生きることが最も大切であると考え、そのことが子どもの幸せに繋がると考えました。

①フレーベルの幸せ観の基である神

　さて、先にフレーベルを紹介した時に、永遠に存在する統一者、すなわち神が存在するということを伝えました。フレーベルは「すべてのもののなかに、神的なものが、神が宿り、働き、かつ支配している」と明示しています。人間にも神が宿り、働いていると説くのです。また「すべてのものは、神的なもののなかに、神のなかに、神的なものによって、神によって、安らい、生き、存続している」とも述べています。すべてのものは、神によって安らぎ、生き存続しているとも言明しています。

　また「すべてのものは、神的なものが、そのなかに働いていることによってのみ、はじめて存在する。このそれぞれのもののなかに働いている神的なものこそ、それぞれのものの本質である」とも表しています。ここで考えられることは、すべてのもの、すなわち人間の中にも働いている神的なものこそが、人間の本質であるという考えです。

そして「すべての者の使命および職分は、そのものの本質、したがってそのもののなかにある神的なもの、ひいては神的なものそれ自体を、発展させながら、表現すること、神を外なるものにおいて、過ぎゆくものを通して、告げ、顕わすことである」と言っています。ここでも、すべてのもの、すなわち人間の使命は神的なものを自分以外のもの、つまり自分以外の外的な、現実的なものを通して、顕わすことであることが提示されています。

そして教育については次のように訴えています。

「教育は、人間が、自己自身に関して、また自己自身において、自己を明確に認識し、自然と和し、神とひとつになるように、人間を導くべきであり、またそうでなければならない。それゆえ教育が、人間をして、自己自身および人間を認識せしめ、さらに神および自然を認識せしめ、そしてかかる認識に基づいて、純粋神聖な生命を実現せしめるように、人間を高めなければならない。」

教育は、第一に、自己を明確に認識するように導くこと。第二に、自然と和すように導くこと。第三に、神とひとつになるように導くこと。この三点を掲げています。そしてこの三点を認識した上で、純粋神聖な生命を実現させるように、人間を高めなければならないと、厳粛な内容を示しています。

このようにフレーベルは人間が神の中で生き、神とひとつになることをかなり重視して教育を考えています。彼が考える子どもの幸せ観もこの考えに基づいているといってよいでしょう。

「したがって、人間および人間に内在する人間性は、外的現象としては、すでに完全に現れつくしたもの、完全に生成しきったものとか、すでに固定化したもの、不動なものとしてではなく、先へ先へと絶えず生成し続けるもの、発展し続けるもの、永遠に生きるものとして、無限と永遠のなかに安らう目標を目指しながら、発展や形成のある段階から他の段階へと、つねにいっそう前進し続ける姿において、考察されるべきである。」

ここでは人間性は、無限と永遠の中に安らう目標を目指しながら考察さ

れるべきだということが説かれています。しかもここでは、人間性は、不動なものとしてではなく、絶えず生成し続けるものとして考察されるべきだという、彼の人間観と教育観との一体的な思想が表されています。この「生成」という考え方は、現在の教育観において、発達をどう捉えるかという、教育の根本に抵触する課題です。

　②幸せになる方法と幼児期の重要性
　以上のようなフレーベルの根本を理解して、彼の幸せ観についてみましょう。
　フレーベルは、幸福を確立することは容易であると、次のように言っています。
　「人類の福祉や幸福や救済を促進し、確立することは、われわれが思っているよりも容易なこと、いや遙かに容易なことである。われわれはだれでも、手軽にしかも身近にその方法を持っている。しかし、われわれはそれに気づいていない。気がついているのかもしれないが、それに注意を払っていない。それは、単純で、自然で、容易に適用できるものであるが、身近なものであるがゆえに、かえって、われわれには、取るに足りないものと思われている。われわれは、それを軽視している。われわれを助けることができるのは、われわれ自身だけであるのに、われわれは、遙かなたからその援助を求めている。」
　このようにフレーベルは人間の幸福は、人間自身で身近にある方法で確立出来ると言っているのです。
　その身近なことについて、具体的には次のように言っています。
　「幼児期の人間が、そのもとで、またそのなかで、さらにそれでもって、生長してゆくところの食料や身体の必需品が、単純で適度のものであればあるほど、つまりえりごのみがまだひどくなっていない人間の本性に適うものであればあるほど、将来の人間は、あらゆる面にわたって、それだけいっそう幸福であり、強壮であり、また、本来の意味で真に創造的であろうし、またそうなることでもあろうということである。」

ここでフレーベルは、幼児が食べ物や体に必要なものについて、不自然にまだえり好みがひどくなっていない場合にはその子どもの将来は幸福であると言っています。また、おもしろいことに、薬味等を不適切に使って、過度の刺激を受けた子どもは、大きくなってからその影響を受けて、その子から品位を奪ったり、人間としての義務から背かせてしまうと、具体的に解説しています。
　ここから学ぶことは、幼児には過度のえり好みをさせないことが子どもの幸福にとって大切であるということです。
　そして次のようにフレーベルは、幼児期の発達段階の内容が重要だと強調するのです。
　「だからこそ、人間の発達のこの最初の段階が、すでに人間にとって、人間の現在と未来にとって、言葉に尽せないほどきわめて重要なのである。」
　その発達の内容について、たとえば我意、忍耐、節制について述べている箇所をみましょう。
　フレーベルは子どもに我意が芽生える感情を「不幸な感情」と表現しています。自分が気に入らないことに対して、子どもは小さい時から耐えることが出来るように育てられないと、幸せに結びつかないと言うのです。次のように警告しているので耳を傾けましょう。
　「人間は、その本質から言って、またその使命から見て、取るに足らぬ小さな苦悩に耐えることから始まって、次第に、その身の破滅を迫るようなより深い苦悩や重荷にもよく耐えることができるようになるまで、充分に陶冶されなければならない。」
　このように言う彼は、幼児が欲しがって泣いたりしていても黙ってそのままにしておくようにと諭しています。そして、次のように子育ての危険性について注意を促しています。
　「子どもが、見せかけの苦悩やたやすく耐えうる不快や不便にさいし、他人の協力や援助をむりやりにでも手にいれるようなことが一度でもあったら、ましてそれが繰り返されたら、両親および周囲の人々は、多くのことを、

いやほとんどすべてのことを失ってしまうことになり、それは、もはや力ずくではほとんど取りもどすことができないからである。」

③幸せと遊戯

次にフレーベルは「遊戯」が子どもと人間にとって重要な意味を持っていることを訴えています。先ず遊びについての彼の考えをみましょう。

「遊戯は、この段階の人間の最も純粋な精神的所産であり、同時に人間の生命全体の、人間およびすべての事物のなかに潜むところの内的なものや、秘められた自然の生命の、原型であり、模写である。それゆえ遊戯は、喜びや自由や満足や自己の内外の平安や世界との和合をうみだすのである。」

ここでは、遊戯は、この段階、つまり子ども段階の最も純粋な精神的表現であると、遊戯の深い意味を説いています。そして遊戯は、人間の生命全体の原型であると言います。しかも遊戯は、喜び、自由、満足、自己の内外の平安、世界との和合を生み出すと、遊戯の哲学的、人間学的な思想を展開しているのです。

このように言う彼はしたがって「あらゆる善の源泉は、遊戯のなかにあるし、また遊戯から生じてくる」と、遊戯について哲学的に主張しています。わが国ではまだ、遊んでばかりいるとろくな人間にならないと言う人が多くみられます。そのような人にはフレーベルの遊戯観は到底納得出来ないでしょう。

フレーベルはさらに遊びと幸福との関係を次のように声高らかに訴えるのです。

「力いっぱいに、また自発的に、黙々と、忍耐づよく、身体が疲れきるまで根気よく遊ぶ子どもは、また必ずや逞しい寡黙な、忍耐づよい、他人の幸福と自分の幸福のために、献身的に尽すような人間になるであろう。」

力いっぱい遊ぶ子どもは、他人の幸福と自分の幸福のために尽くす人間になるという、われわれに対する奨励ともいえる内容を説いてくれています。

そして「この時期の子供の生命の最も美しい現れは、遊戯中の子供では

なかろうか ― 自分の遊戯に没頭しきっている子供 ― 遊戯に全く没頭しているうちに眠り込んでしまった子供 ― ではなかろうか」と語っています。幼児期の子どもの生命の最も美しい現れは、遊んでいる子どもだと表現するのです。そして人間のことに精通している人の目にはこの時期の子どもが自由に選んだ遊戯の中に、その子どもの未来の内面的な生活が、ありありと浮かぶだろうとも言っています。さらにこの時期の遊戯が未来の生活の資質になると言って、その理由を「というのは、それらのなか（筆者注 ― 遊びのなか）にこそ、人間の全体が、最も微細な素質や内的な性向のままに、展開されてくるし、現れてくるからである」と説明しています。そして何と「この世からふたたび去るまでの人間の未来の全生活は、人生のこの時期に、その源泉を持っている」と宣言するのです。死ぬまでの人間の未来の全生活は、幼児期に、その遊びにその源泉を持っていると語ってくれるのです。

　このように、幼児期にいっぱい遊ぶ子どもは人生全体にわたって幸福である、ということが学び取れるのです。

　以上、フレーベルの幸せ観についてみてきました。ルソー、ペスタロッチーと共通する内容は、忍耐の必要性、過度な欲望を抱かないという点です。今の日本の子どもにとっても、このことは重要な意味を持って迫ってきます。生きる上で必要なものは何なのかを大人がじっくり考え、過度な物を持つことから遠ざかる生活を大人がつくり上げることを進めなければならないのではないでしょうか。これは、大きな、根本的な課題です。

　以上、保育思想家の、それぞれの幸せ観を紹介しました。時代の習慣、社会状況や宗教、生活の実態によって、子どもが生活していた内容は異なります。そうした中でそれぞれの保育思想家は、子どもたちの幸せが何であるかを、各自の基本哲学に基づいて論じ、公表しました。詳しくふれることは出来ませんでしたが、ルソー、ペスタロッチー、オーエン、フレーベルたちは彼らが批判した時代の中で、ほとんどが迫害に遭い、晩年は不

遇な生活を過ごしました。しかし、彼らが考え、実践に生かした保育思想は現在燦然(さんぜん)と輝いて世界に行きわたっています。私たちも現在という時代が、子どもが幸せに生きるにあたって、どういう様相なのかをしっかり見て、子どもの幸せに繋げていくことが問われていると強く思います。

3章　子どもが育つとはどういうことか

■1節　子どもの育ち方について

　保育は子どもが育つための援助の働きです。保育者は子どもの育ちのために日々心を砕いて保育に取り組みます。「こういう子どもに育ってほしい」と考え、園内で体験してほしい内容を考えます。そして、子どもと関わる中では、ほめたり、叱ったり、教えたりします。そういう関わりをしている中でふと、「子どもを育てる援助活動をしているが、一体、子どもが育つということはどういうことか」と思案することがあります。

　そこでここでは、子どもが育つということを改めていくつかの視点で考えてみましょう。

（1）生まれるということ

　子どもが育つといいますが、生まれる前から胎児は育っています。お母さんから栄養を与えられて、胎内で育っていきます。現在では、胎児の様子が外から細やかにカメラで見ることが出来るようになっています。私は「胎内生活」という言葉で胎児の成長を表したいと以前から考えています。医学的には、胎内生活と生まれた後の生活とがどう繋がるのかがわかるのでしょうが、ここでは生まれる前にすでに胎児が、すくすくと育っているという事実を確認しておきたいと思います。その胎内での育ちが生まれた後の育ちに繋がって、何らかの影響を与えることもあると思います。生まれる前の母親のストレス、栄養、喫煙、アルコール摂取、周囲の音等の環境が胎児に与える影響は多様な面で考えられます。

　このように胎内での問題も考えなければなりませんが、話を先に進めて、生まれることと生まれた後のことを考えたいと思います。

　先ず、「生まれることは偶然か、必然か」という問題です。この問題は哲学的、宗教的な問いでもあります。生まれたのだから誕生が偶然か、必然

か等をことさら考えることはないと言う人もいるでしょう。人間は自分の存在の目的、意味をギリシア時代以前からずっと考えてきました。生きる目的を考えるといっても、偶然生まれてきたのであればそもそも生きる目的等あり得ないと考える人もいます。そうなると、人が生きる目的を考えるにあたって、人の誕生が偶然か必然かを無視することはできないということになります。あのかわいい赤ちゃんが、何の目的もなく、偶然生まれたとは感情的には考えたくはないと大方の人は思うかもしれません。つまり、母親の胎内での受精は偶然か必然かという問題が目の前に立ちはだかっているのです。

　親は受精に対して、自分で受精をさせようと目的意識を持って成立させることは出来ません。受精が行われたかどうかは親にも認識できません。そう考えると受精は偶然といえそうです。そうなると、医学的、生理的には受精は偶然といってよいのでしょうか。

　だが、その受精すら、何億年前からの生命の歴史の下になされたと考えると、歴史的には受精は連綿と繋がりを持った結果の必然ということができます。もっとも、よく考えると、何をもって偶然と呼び、必然と呼ぶのかが明確でないと、誕生の偶然、必然の問題は結論が出にくいように思います。

　哲学者の木田元は、ギリシア時代から現在までの著名な哲学者や思想家、そして日本の「偶然」の問題を追求した哲学者である九鬼周造たちを研究し、「偶然と必然」についてまとめています（『偶然性と運命』岩波書店 2001）。そして九鬼の偶然の考えを解説しています。九鬼は偶然を「独立なる二元の邂逅」と言っています。邂逅とは「思いがけなく出逢うこと、めぐり逢うこと」です。九鬼は、普段は全く関係のない二つのものの内容が思いがけなく出逢うことを偶然と呼ぶのです。木田は九鬼が言う「偶然」について、「＜偶然＞がそれぞれ独立した二つのものの出会い、＜遭遇＞の状態を言うものであることは明らかであろう」と言っています。

　そこで考えたいことがあります。それは「運命」、という言葉の意味です。

九鬼は「人間には偶然と思えるようなことも、それが自分の生存にとって非常に大きい意味を持っている場合には運命と言う」と言っています。木田は九鬼の「人間にあって生存全体を揺り動かすような力強いことは主として内面的なこと」であるから、「運命とは偶然の内面化されたものである」と言うことが出来ると言っています。

　この考えから学ぶことは、人にとって偶然と思えることも、それがかなり自分の内面にとって強く意味のあることは「運命」といえるということです。単に偶然と思え、当人は予測もしない、驚くことであっても、それがその人にとって、自分に関わる驚くことである場合には、その偶然的な出来事は「運命」とその人には捉えられる、と言うのです。

　偶然をこのように理解すると、受精自体は、当事者にとって生きる上での一大事件であり、それは単なる偶然ではなく、よき知らせとしての「運命」と考えられるのです。したがって偶然は、いかに「異なった二元の邂逅である」といっても、意味のある「運命」として考えれば受精は冷たい偶然ではなく、意味のある必然と考えることも出来そうです。偶然か否かは、ある出来事に対して、当事者がどのようにその出来事を受け止めるか、という当事者の受け止め方によるということがいえます。

　この偶然に対してある人は、「いのちは宇宙の彼方からやってきた」と表現します。それが偶然か、必然かはわかりませんが、宇宙の歴史の中にいのちが位置づいているということはいえそうです。こうしたことを考えると、いのちの誕生は、親の体を借りて宇宙や神様、生命の歴史、生命誌がもたらしたと考えてもよいかもしれません。キリスト教では、いのちは摂理によって神様が地上に与えてくれたと教えています。仏教は、「ご縁」という言葉で、宇宙の一切の出来事は何らかの原因があって生じる結果だと説いています。キリスト教であれ、仏教であれ、生命は単なる偶然とは考えにくいということがいえそうです。

(2) カリール・ジブランの詩

　ここでよく知られている、レバノンの哲学者・思想家、作家、画家であ

る、カリール・ジブラン（1883-1931）の子どもについての詩を紹介しましょう。『預言者』(成甲書房 2009) という彼が書いた本の中に紹介されています。味わってみましょう。

　あなたたちの子はあなたたちの子ではない。
　大いなる生命が自分自身に憧れる、その憧れの息子であり、娘たちだ。
　あなたたちを通して生まれてくるが、あなたたちから生まれるのではない。
　あなたたちと共にいるが、あなたたちのものではない。
　子どもに愛をあたえることはできても、考えまであたえることはできない。
　子どもには子どもの考えがある。
　子どもの体を家におくことはできても、魂までおいておくことはできない。
　子どもの魂はあしたの家に住んでいて、あなたたちは夢の中でさえ、その家へは行けない。
　子どものようになりたいと願うのはいい。けれど、子どもを自分のようにしようとしてはいけない。
　生命はあともどりも、きのうにとどまることも、しない。
　あなたたちは弓だ。子どもはその弓から、生きた矢として放たれる。
　射手は、無限に続く道の先に狙いをさだめ、矢を速く、遠くへ飛ばそうと、大いなる力であなたたちをたわめる。
　大いなる射手の手のなかでたわめられている、そのことを喜びとしよう。
　飛んでいく矢が愛されているのと同じように、手もとに残る弓もまた、愛されているのだから。

　さて、前に戻って考えましょう。先に述べた、受精が必然か否かは、かなり難しいのですが、いのちが、ある家庭に生まれてくることには間違い

がありません。そして、その時代、その社会に生まれてくることも間違いがありません。いのちが生まれてくるその時代、社会には多様な問題が待っています。生きる喜び、楽しみもありますが、悲しみ、苦しみもあります。そうしたことを大人は生きている中ですでに体験しています。このような生きることの厳粛さを考えると、新しく生まれたいのちを両手でしっかり迎え抱きしめ、育てる責任を深く感じます。

　生まれてきた子どもの、生まれる意味等の問題を考えますが、生まれたという事実を前にしたとき、いのちに対する厳粛な思いに駆られるのです。そこから、子どもを大切に育てようという気持ちが生まれ、その気持ち自体が育つのです。

　そういう意味では、お産が母親を生み、父親を生むということもいえます。子どもが生まれた時、私たちをして子どもを育てる責任感に向かわせるのです。

（3）子どもの特徴と育つということ

　スイスの生物学者のポルトマンは有名な『人間はどこまで動物か：新しい人間像のために』（岩波書店 1961）という著書の中で、人間の新生児の特徴について書いています。ポルトマンは、生まれた直後の人間の新生児と鳥のヒナや哺乳動物の赤ちゃんを比較して、人間の新生児の特徴を見事に明るみに出しました。

　ポルトマンは人間の新生児について、「人間の新生児は不思議にもおそろしく未成熟で能なしである。（略）なんの助けもなしには生きられない、たよりない能なしのこの生まれたての人間」と表しています。

　しかし、ポルトマンは、能なしで生まれることはよいことだと言います。なぜならば、人間の赤ちゃんは他の動物と比較すると、脳が圧倒的に優れていて、生まれた後、周囲の環境との関わりを通して生きる力を学ぶことが可能だからです。人間は生まれた後、ゆっくり成長していくのです。他の動物は生まれた時にすでに生き方が決まっているのに対し、人間の赤ちゃんは生まれた後の刺激によって学ぶ内容が異なり、生き方もその環境によっ

て異なってきます。生き方に関していうと、他の動物は「確定動物である」のに対し、人間の赤ちゃんは「非確定動物である」ということが出来ます。ここに人間の自由の問題があり、人間の独自な生き方が出来ることの素晴らしさがあるのです。つまり、生き方が決められていないので、生まれた後、自分で周囲の環境を取捨選択しながら自分の思う生き方を選んでいくことが出来るからです。

以上のことから、人間の新生児の特徴と、学んで育っていかなければならない人間の子どもの事情が理解できます。再度いいますと、人間の赤ちゃんは、脳が優れているので学ぶ力があるということと、学んで育っていかないと生きる力は身につかないということがわかります。人間の新生児は学びながら育ち、生きていかなければならない宿命を背負っている存在であることが確認出来ます。

（4）自分で育つことが先

先に述べたように、赤ちゃんは脳が優れているため、自分で学ぼうと必死になっています。このことは単に受け身ではなく、周囲との関わりを自分で求め、生きるための力を身につけようとして精一杯頑張っていることを表しているのです。自分で全く能動的に働かないで、受け身になっているのではないのです。その意味では、育てられるというより、「自ら育つ」といってよいでしょう。

自ら育とうとする赤ちゃんが、もし、自分の体を動かして何かと関わろうとしている時、親から止められると、赤ちゃんは泣いて抗議します。また、お腹が減って要求を具体的に伝えるために泣く場合もあります。泣くという行為を通して自分の欲求、要求を言葉に代えて伝えようとするのです。

（5）育ちと遊び

育ちと遊びは密接な関係にあります。先にポルトマンの考え方を紹介しました。そこでは人間の子どもは生きる力を持っていないので、生まれた後、周囲の環境との関わりを通して生きる力を身につけようと育っていくということを紹介しました。

たとえば、赤ちゃんは目の前にボールがあると、手を伸ばして触ろうとします。おもちゃがあると手で握って振ります。そうした動きを大人は「生きるために力を身につけたい」という赤ちゃんの切実な本能の現れとはみません。遊びというと、余計な活動だと捉えられてしまいますが、そうではありません。私は、生きる力を自分のものにしたいという、この赤ちゃんの動きを「生命活動」であるといいたいのです。

　もちろん遊びには、それについての理論があり、遊びは生きる力を身につけるためだけの活動でないことはいうまでもありません。しかし、年齢、月齢が低ければ低いほど、本能的に脳の命令で周囲と関わって生きるために知識、技術をわがものにしたいという動きが強いと思います。「生命活動」といういい方はまだ一般的ではありませんが、子どもの遊びが、知りたい、学びたい、育ちたい、つまり「生きることが出来るようになりたい」という本能の現れであることを理解すれば、あながち間違った表現ではないと思います。このことを知っておきたいです。

　ここでもう一つ「探索活動」という言葉について紹介しておきましょう。この言葉についてはすでに知っている人もいることでしょう。

　遊びという活動については先にも述べたように、一定の理論があります。たとえば遊びには「何らかのルールがある」という考え方があります。しかし、赤ちゃんの遊びにはまだルールは含まれてはいません。したがって厳密な意味では赤ちゃんの遊びといわれる活動は、遊びとはいいがたいのです。赤ちゃんは目に見える物をいじったりして、物と関わります。この行為は本能的に、あるいは直感的に、ただ周囲の物を知りたいだけなのです。したがって遊びというより、知りたいための探索としての行為なので「探索活動」といわれるのです。まさに本能的な「生きるために行う活動」としての「生命活動」なのです。

（6）育つことと生きること

　ここで、子どもが育つことの人間的な意味について考えてみましょう。大人は自分の自我意識に基づいて、自分が生きることについて考えます。

何のために自分が生きているのか、自分の生き方はこれでよいか、これからどう生きていくのか等のことを大人は考えます。人間にとって生き方を考えることは重要なことです。

　この生きることを子どもに即して考えることは無駄でしょうか。私はそうは思いません。なぜなら大人は、子どもは人間として生きていないとか、本当の人生は自分の生き方を自分で意識してからのことだといいます。でもそれ自体が大人の独断的な発想であり、子どもにその発想を当てはめることは正しくないと思うからです。先にみたように、ルソーはまさに「人間を人間として考え」、「子どもを子どもとして考え」なければならないと言っています。私もそう思います。子どもについては子どもの特徴を把握して、子どもの時期の自然な生き方そのものが子どもの生き方であると考えるべきです。すなわち、子どもは自分の脳を駆使して、毎瞬、自分以外の世界から多くのことを学び取っているという特徴的な時期なのです。これが何といっても子どもの特徴です。私は、「子どもとは、遊びながら成長しつつある存在である」と表現したいと考えています。実に子どもの生き方は遊びながら育っていることそのものです。こう考えると、子どもにとっては、「育つこと自体が生きること」そのものであると表現したいと思います。「子どもが生きる」ということは「育つことそれ自体」であると再度言いたいのです。育つこと、育っていくこと、このことが「子どもが生きること」なのです。

■2節　今育つことに関わる問題性

　子どもたちは今この時代の真っただ中で育っています。時代が変わり、社会、文化も変わり、人の価値観も変わり、暮らし方も変わってきた中で日々育っています。いうまでもなく子どもはいつの時代にも大人が生み出した社会の中で生き、育ってきました。その育ちは大人社会のありように影響されていましたし、今もそうです。

私たちは、この今という時代の中での子どもの育ちの中身を見直さなければならないと思います。大人社会の内実が子どもの育ちに影響を与えることを考える時に、この作業は欠かせません。

（1）育つことと発達すること
　先ず言葉の意味から考えましょう。育つことと発達との関係を比較しながら考えてみましょう。いうまでもなく、育つという言葉は日常一般的に使われています。一方、発達という言葉は専門家の間では用いられていますが、生活の中では一般的には使われていません。この言葉は専門的な言葉として使われています。

　育つこと、という言葉は、子どもの総合的な変化を表します。そして子どもが育っていく中には、悲しみ、苦しみ、悩み、寂しさ等が生じてきます。子どもも時には何もする気が起きなくなったり、何も考えたくなくなったり、何もやりたくなくなったりすることもあります。また、時には出来ることが出来なくなったり、知っていたことを忘れてしまうこともあります。しかし、子どもも現実に生きている真最中の人間です。子どもは自分なりにすべてのことを自分で関係づけて、自分なりに処理することをします。育つということは人間としての子どもの総合的な生活の中の、日々の総合的な出来事なのです。すべての体験がすっきりしないまま生活が進んでいく中で、子どもは自分でいつの間にか起きてくることを意識したり、無視したりしながら、すべてのことが、自分の中の積み重ねが育ちとなっていくのです。

　それに比べて発達という用語は、子どもの能力の各部分の向上を意味して使われます。体験を通した学習によって結果的に発達する能力もあります。また、家庭で親から教えられたり、躾を通して発達する能力もあります。保育園や幼稚園で教えられて発達する能力もあります。いずれにしても、発達はどちらかというと子どもの能力を周囲が意図的に引き出し、外から身につけさせる関わりがあってなされる能力の向上を意味すると思います。このようにしてなされる発達は何のためなのでしょうか。どこを目指すの

でしょうか。このような発達を目指して周囲から関わられる時に、当の子どもは楽しいのでしょうか。努力させられ、自分でやりたいと思わないことをさせられて発達する。その発達は、一体子どもの生活にとってどういう意味を持つのでしょうか。子どもが今まさに生きているという人生にとって、どういう意味を持つのでしょうか。もっとゆっくり、子ども自身の体が、感覚が熟するようにして、自由に自然に動く育ちが出来ないものでしょうか。

　発達は、子どもの今と将来にとってどういう意味を持つのかということを真剣に考える必要があります。そのことを問わないまま、子どもの発達を考えて、将来のため、それも働く人間づくりを目指す子育ては、子どものためとはいいがたいと思います。

（2）手段としての発達

　今述べたことをさらに考えたいと思います。矢野智司が言うように、「発達の論理」は近代の労働をモデルとしてつくられています（『意味が躍動する生とは何か：遊ぶ子どもの人間学』世織書房 2006）。矢野に言わせると、労働においては、目的を立てて、未来の目的を実現させるために、今という時間を従属させます。そのために、労働ではあらゆることが「目的 ― 手段関係」へと組み立てられます。この労働の世界の考え方は、目的のために役立つかどうかという「有用性の原理」です。

　発達も役に立つかどうかで判断されるのです。子どもが人間として育つとか、楽しく育つとかは重視されないのです。育つ中での感動や驚き、発見、時を忘れ、われを忘れて周囲世界に見入ること等は重視されないのです。矢野は周囲世界に見入る状態を、子どもの「没我状態」と呼んでいます。また発達は、自己の内面の顧慮というよりは、自己の能力を拡大させることに重点を置くのです。有用性に沿った自己の知識、技術の拡大なのです。

　さらに発達は自己を拡大した者同士が、拡大した能力を伝えたり交換したりすることで、さらに自己を拡大させることを大切にするのです。そこには外面的な側面しか意識されていないのです。

この発達について、先に紹介したオランダの「子どもの人間学」を提唱したM.J.ランゲフェルドから学ぶことにしましょう（『教育の人間学的考察』未来社 1966）。彼は、「発達という言葉がどのように用いられているかが問題だ」と指摘しています。さらに心理学に関して「われわれは、子供の人間学について何らかの正しい理解を持たないかぎり、まだ、心理学における『発達』が何を意味したらよいかを確定することはできない」と主張しています。
　ランゲフェルドがそう言う背景に、子どもは「自己 ― 創造」し「自己変容」する存在であるという特徴を重視しているからです。そして、ランゲフェルドは次のように言います。
「いったい何をもってわれわれは子供が『発達する』というのだろうか。このことによってひとは何を意味しているのか。子供は変化することによって、しかも成長に向かってより多く変化することによって『発達する』のである。」
　ここでランゲフェルドは、子どもは自身の成長に向かって変化すること自体を強調しているのです。しかも彼は「発達」にとって大切な視点を提議して次のように言います。「発達は本質的に一つの内的な意味を持っている。発達は『より偉大な存在』を意味するところの未来的なものに対する関係を有しているのである」と説いているのです。この偉大な存在が何を意味するのかは、ここでは明確ではありませんが、言えることは、少なくとも、発達は人間的な内容の価値、意味を含まなければならない、ということです。こう考える彼は「発達とは人間的な存在可能性の実現である」と定義するのです。発達は人間らしくする働きを基礎として、その上に完成されるものであると彼は言います。つまり、発達は「人間的な存在可能性」という言葉にみられるように、人間らしく存在する可能性を実現することであると、ランゲフェルドは主張するのです。
　私たちは保育において子どもが「人間らしく存在すること」がどういうことかをじっくり考えて実践することが求められていることを、心に刻み

たいものです。

こうしたことを考える時、私たちは、発達という概念を再考しなければならないと強く思うのです。というより、すでに心理学者の山下恒男は『反発達論：抑圧の人間学からの解放』（現代書館 2002）という著書の中で、発達は、労働と関連した生産性の向上を目指す概念であることを見抜いて、その危険性を論じています。

（3）生成と発達

そこで考えたい概念が「生成」です。「生成」は目的を意識しない活動によって生じる子どもの自己変容です。発達が、育ってほしいと願う内容が意識されることに対し、「生成」は自由な活動の結果生じる子どもの変化です。特に自分で選んで取り組む活動なので、自分の内面に変化が生じる、人間変容とでもいい得る変化です。しかも、「生成」は、周囲世界との触れ合いを通じて、周囲世界と「溶解」する体験によって生じる変容なのです。

例で説明しましょう。幼児が海の浅い岩場で、目を凝らして小さな魚を獲ろうとして集中していました。なかなか魚がつかまらないのですが、その子は何としても魚を獲りたくて、意識をその一点に集中させていました。そのうちだんだん日も暗くなってきました。潮も満ちてきました。しかしその子は、そうした周囲の気配にはまったく気がつかないで、「没我」の状態で魚獲りに没頭していました。やっと小さな魚を1匹獲って顔を上げた瞬間、その子は日が暮れて、波が腰まで迫っていたことに気がつきました。われに返って周囲の様子に少し驚きましたが、波に濡れたこと等一向にお構いなしです。

彼は魚を獲ることが出来たことに涙が出るほどの喜びに包まれていたのです。1匹の魚がいとおしくて、かわいくて、自分のきょうだいのように思えるのでした。

一人の幼児が全身を集中して、われを忘れて魚獲りに熱中しました。彼は自分を忘れ、時間も忘れ、周囲の変化にも気がつかないで集中していました。その間技術を工夫し、自分を静かにさせ、集中して魚の動きに気を

つけて、やっと1匹の小さな魚を獲ることが出来たのです。自分がそれまで体験したことがない、自然と友だちになって「没我」の体験をして、すなわち「遊び＝生きること自体」を体験したことで、彼の心は自分でも味わったことがない、達成感、喜び、いや、魚という自然が与えてくれた仲間という感覚を味わうことが出来たのです。彼はこの体験を通して、「生成」という変容を自分でいつの間にか味わったのです。

彼には、その変容が他の何らかのためということは、全く意識されていません。いうならば、内奥の人間としての変容でしょうか。周囲世界と触れ合い、溶け合うことを通じて生きていることの充溢感を味わうことそれ自体です。矢野はそうした体験を「溶解体験」と表しています。

「生成」においては、生きることにおいて労働すること、生産することを意識しないで、「世界を味わい」「世界と友だちになる」こと自体が大切にされています。さらにいうならば、「生成」は、宇宙・地球・自然の中のいのちを吸い込み、そのいのちに生かされることを感じ取ることだと私は考えています。

そもそも生まれた後無力な幼な子が、周囲と関係を持ちながら育っていくことは、ある意味では神秘的でさえあります。宇宙、地球、自然からやってくる多様ないのちに接し、そのいのちをまだ育っていない自分の心身に吸収することは、宇宙、地球、自然も見ていてくれる厳かな事実だと思うのです。子どもは一瞬一瞬、そのやり取りをしているのです。何とすごい、宇宙的なやり取りでしょうか。一種の宇宙感覚だともいえるのではないでしょうか。遠い銀河も宇宙ですが、地球も身のまわりの木も、石ころも、魚も宇宙なのです。私たちはふだん暮らしている中で宇宙の中で、宇宙と一緒に生きているのです。この感覚を先ほどの幼児は、夢中になって魚を獲っている時に感じ、学び取っているのです。もしかしたら、子どもは、無意識に、自分も宇宙だと感じているのかもしれません。

このように考えると、「生成」は、単に生きていくための能力を身につけるという上辺のことではなくて、人間存在としての深い内的な出来事であ

るといいたいと思います。「生成」は、大人もそうですが、子どもも一人の人間として、今、ここに、生きているという厳粛な事実を言い当てている表現であるといえないでしょうか。

　ここで、私が高校時代にデカルトの『方法序説』を一人で読んでいた多感な頃、身震いするほど感動した人の言葉に接したことを思い出したので紹介しましょう。戯曲家、評論家である倉田百三の言葉です。生きることの厳粛さを直観したことをはっきり覚えています。

　「我らは生きている。我らは、内に省みてこの涙のこぼるるほど厳粛なる事実を直観する。」（倉田百三『愛と認識との出発』岩波書店 2008）

　この短い言葉です。子どもが無我夢中で「没我」の境地で遊びに興じて生きている、その時は、その子どもが、自分の人生のいのちを生き切っている、その時に、自分には意識されずに「生成」がじわじわと醸成されている、といってよいのではないでしょうか。自分を生き切ることで「生成」が顕わになるのです。

（4）育つことと幸せ

　次に育つことと幸せとの関連を考えましょう。育つことはどの子にとっても自明のことです。しかし、その内容は子どもによって異なります。生活を楽しみながら育つ子どももいれば、怖い思いをしながら育つ子どももいます。遊ぶことも許されないで育つ子ども、手伝いばかりさせられて育つ子ども、親の争いを毎日見せられて育つ子ども、親に怒られてばかりいながら育つ子どもがいます。子どもはそれぞれ、その家の環境、雰囲気、文化の中で育ちます。

　私たちは子どもが日々育つことを、意識的、無意識的に見ながら一緒に生活しています。しかし、一緒に生活しているといっても、子どもが幸せを感じながら育っているとは限りません。家族と一緒に生活しているといっても、子ども一人ひとりの生活の中での感じ方は違います。

　たしかに、親が子どもの生活を守るために働き、苦労することは簡単なことではありません。親の苦労を見ながら、息づかいを感じながら、子ど

もは生活しています。先にもいったように、子どもは喜び、感動し、楽しみながら、また悲しみ、苦しみ、寂しさを感じながら、一人の人間として生きています。そして、さまざまなこと、さまざまな思いのすべてを自分の中に取り込んで、すべてを自分なりに調整しながら生活しています。したがって親との共同生活のすべてが子どもにマイナスになるわけではありません。子どもにとっていやなことがありながらも、子どもは自分なりに自分を調整しながら育っていきます。大人のいうことに従いながらも、子どもなりの妥協点を見出し、時には反発し、駄々をこねて泣き叫び、また時には我慢をしながら生きています。

　そこで大切なことは、エリクソンが唱える親と子どもとの「基本的な信頼関係」です。親から怒られ、叩かれても、子どもが親の苦労を感じながら、親の大変さを感じながら、親は自分を守り、育ててくれていると感じることができれば、そこには親子の信頼関係は存在し、その子は幸せな生活をし、幸せに育っているといってよいと思います。要は親の、基本的な子どもを思う心、愛情だと思うのです。

　親との関係では今いったようなことが大切だと思います。親との関係をそのように感じながら、子どもは親や家族とは全く別の次元で、自分一人が心の中でしみじみと、幸せを感じる時があると思います。それは子どもが自分の周囲の世界と自由に触れ合い、交流し、いろいろな新しいことに感動し深い感覚を感じ、いろいろなことを発見するからです。じっと味わっている中で新鮮な感覚を抱くことがあるからです。そうした新鮮な感覚を抱く時、子どもは生きている自分を感じながら幸せな感覚を持つことが出来ると思うのです。

　こうした子どもの、一人の人間としての内的な深い心境を、アメリカのエリーズ・ボールディングは『子どもが孤独でいる時間』（こぐま社 1988）の中で見事に描いています。

　「わたくしは、子どもが、おとな同様、孤独で居る時間を必要とし、またそれを大事にしなければならない、と感じるようになりました。それはき

わめて自然なことだと思うのです。」
　「もし人間が、そのための時間を取り、孤独の中に身を置いて、自分の内側で何かが起こることをゆるさなければ、人間は、必ずや精神的に行きづまってしまうだろう。」
　このように、彼女はこのことは大人も子どもも同じだというのです。
（5）育つことの今後の課題
　先にもいったように、子どもはいつの時代にも、その国、社会、慣習、文化の中で生き、育っていきます。私たちはその育ちの仕方や内容が、子どもにとってどのような意味を持っているのかを細やかに見つめなければなりません。そうでないと子どもにとって非人間的な生活を強いることになりかねません。
　1990年に「子どもの権利条約」が発効してから24年が経ちますが、「子どもの権利条約」に書かれている内容をよく吟味して、人間としての子どもが尊重されているかどうかを判定しなければなりません。もし、人間としての子どもが尊重されていないのであれば、わが国の将来にとって由々しき問題です。

■3節　諸外国の子育てを考える

（1）スウェーデンの子育て
　図3-1を見ると、スウェーデンの出産期の女性の労働力率は、従業者と休業者を合わせると約77％になります。約8割弱の女性が働いていることになります。ほとんどの女性が働くということは、保育所がなければ可能ではありません。スウェーデンでは、親の就業のために保育所が完備されています。親は保育所に預けて働くか、育児休業を取って働くことが保障されています。育児休業を取る人の割合は、女性で約87％、男性で77.5％です。
　スウェーデンの親は4時間労働や2時間労働等、分割労働も保障されて

3章3節　諸外国の子育てを考える

います。全長450日の育児休業が保障され、どちらの親が休みを取ってもよく、途中で交代も出来ます。この制度は有給であり、半日や4分の1日の休暇を取った場合には、手当金は半額または4分の1に減りますが、休暇期間は逆に2倍または4倍に延びます。子どもたちは、親の半日の労働時間の時や育児休業の休暇の時は親と一緒に遊んだりして過ごします。

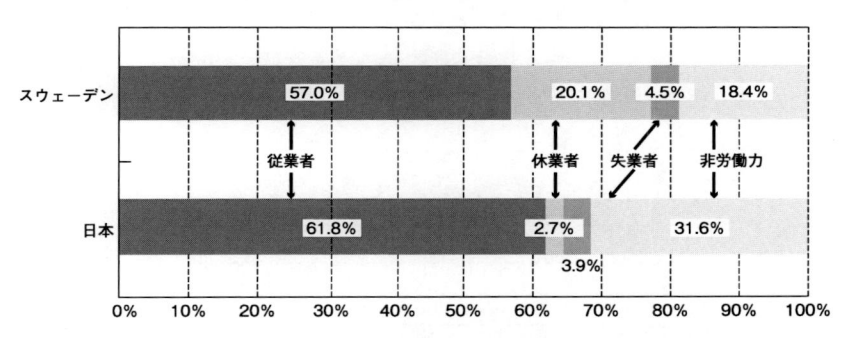

	スウェーデン	日本
従業者	57.0%	61.8%
休業者	20.1%	2.7%
失業者	4.5%	3.9%
非労働力	18.4%	31.6%

資料：日本：総務省統計局「労働力調査」（2004年），厚生労働省「出生前後の就業変化に関する統計」（2003年），「人口動態統計」（2001年），「女性雇用管理基本調査」（2002年）より厚生労働省推計。
　　　スウェーデン：SCB "Labor Force Survey"（2003年）

図 3-1　スウェーデンと日本の 25 ～ 34 歳女性の労働力率（2004 年）

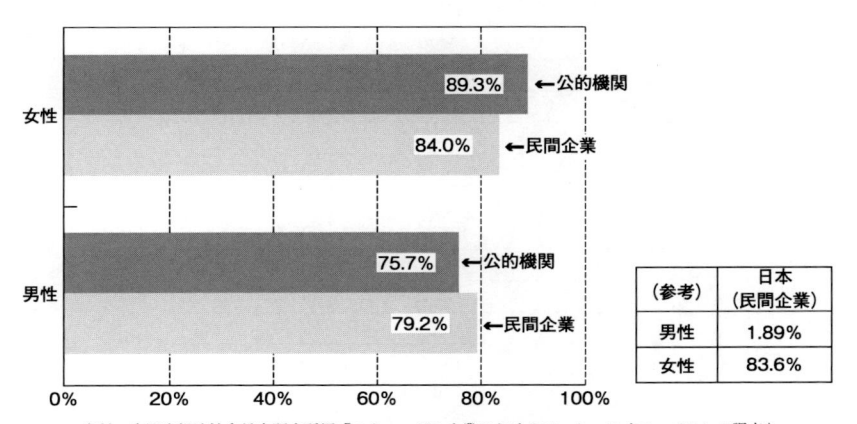

	公的機関	民間企業
女性	89.3%	84.0%
男性	75.7%	79.2%

（参考）	日本（民間企業）
男性	1.89%
女性	83.6%

資料：内閣府経済社会総合研究所編「スウェーデン企業におけるワーク・ライフ・バランス調査」
　　　2005年．日本は厚生労働省「雇用均等基本調査」（2012年度）

図 3-2　スウェーデンの育児休業取得率

スウェーデンでは保育所への入所の最低年齢の制限はありません。しかし、今紹介した制度による親の育児休業の取得によって、実際は乳児の保育はなくなってきました。スウェーデンの乳児は親や近所の親子と家や近所で過ごすのです。表3-1にスウェーデンの0歳から5歳の子どもが1日に親とどう過ごすかを載せましたので見てください。1日に父親が子どもと過ごす時間がわが国より多いことが見て取れます（日本の父親は3.1時間、母親は7.6時間となっています。「国立女性教育会館『家庭教育に関する国際比較調査報告書平成16年度・17年度』」）。

表3-1　スウェーデンの0～5歳の子どもが1日に親と共に過ごす時間
二人親家族の子どもの親との過ごし方別，
2000/2001年（時間分）

過ごし方	母親	父親
子どもの世話	1：56	1：03
その内，援助・手助け	1：15	0：35
宿題をみる	0：01	0：00
一緒に遊ぶ	0：21	0：18
話をする	0：04	0：02
本の読み聞かせ	0：04	0：03
子どもの行事に参加	0：05	0：03
その他の世話	0：02	0：01
家事	2：06	1：08
食事	1：11	0：54
余暇活動	2：16	1：40
その内，スポーツ・アウトドア	0：19	0：11
団体活動等	0：02	0：00
娯楽・文化活動	0：03	0：03
一緒に時間を過ごす	0：35	0：25
テレビ・ラジオ	0：39	0：34
読書	0：06	0：04
趣味	0：04	0：04
その他の余暇活動	0：14	0：12
余暇活動への移動時間	0：13	0：08
合計時間	7：29	4：45

資料：SCB 2004. Barnens tid med föräldrarna. Tabell 5. 7b, 5. 7c.

3章3節　諸外国の子育てを考える

保育所の光景（ストックホルム市内）

育児休暇中の親子（児童公園で）

学童保育所の多くはマンションの一角を行政が借りて開設されている（ストックホルム市内）

竹﨑孜『スウェーデンはなぜ生活大国になれたのか』あけび書房，1999, p.24

　このように楽で楽しい育児が可能となっているので出生率は上がってきています。「働きながら、よく産んで、よく育てる」ことが出来るのです。わが国の子育ての環境とはかなりの差があることがわかります。待機児童の多いわが国の子育ての環境を何とかしてよくしていかないと、子どもを産み、育てる家庭は増加しないのではないかと危惧します。

91

（2）オーストラリア先住民アボリジニの子育て

　前項では、近代国家であるヨーロッパの一国、スウェーデンの子育てについて紹介しました。そこで、次にオーストラリアの先住民であるアボリジニの子育てを紹介しましょう。近代化、文明化された国の社会の中での子育てとは全く異なった子育てと子どもの生活を知ることを通して、現在の私たちの子育てを顧みる助けとしたいと思います。

　『アボリジニの世界：ドリームタイムと始まりの日の声』（ロバート・ローラー著 青土社 2003）から知ることにしましょう。

　アボリジニは「スピリット・チャイルド」（霊的な幼児）の存在を信じていて、生物としての子ども以前に霊的な幼児が存在し、男性を通して女性が妊娠すると考えています。女性はそのことを理解しています。

　アボリジニの野営地の幼児を垣間見た、初期のオーストラリアの入植者たちが口をそろえて指摘しているのは、＜アボリジニの子どもが見せる天真爛漫さと躍動感と自主性＞だそうです。それは彼らの育てられ方に理由がありそうです。アボリジニの子どもは地域の大勢の女性によって大切に育てられるそうです。子どもが長時間泣くのを許さない彼らは、子どもが泣くと両親と氏族全体がなだめすかして泣くのを止めるそうです。氏族の育児法は多様で柔軟ですが、それでも子どもと母親が過ごす時間は長いのです。生まれたばかりの赤ん坊は、木の入れ物に入れられて、母親が狩猟や採集に出かける時には、母親はその入れ物を抱えて移動します。

　子どもが歩けるようになると、すぐ自由に走り、親たちと一緒に食物採集に出かけます。子ども用の「穴掘り棒」を母親からもらうと、食物採集が出来る場所で、食料を自力で集める術を素早く身につけます。子どもの教育は、母親がどの動植物や昆虫が食用に適しているかを教える時点で始まります。アボリジニの少年は、かなり年少の段階で、棒や石の投げ方に熟達し、小さなトカゲ、ネズミ、小鳥をつかまえることが出来ます。そして、もらった食料や採集した食料を分け合うことも学びます。このようにしてアボリジニの子どもたちは、生きることを学ぶのです。彼らの氏族社会では、

自分たちの文化を身につけて、自分たち流の生き方を身につけて自立するのです。

　私たちのような近代社会では社会そのものが複雑で、多様で多くのことを学校で学ばなければなりません。したがって、複雑な社会のあり方自体を問い直すことが必要となるのです。便利な社会の中で、分業をして、自分は生きる上で部分的なことだけを知り、身につければよいという社会を見直すことが問われています。

　また、アボリジニの子どもは物心ついた頃から、足跡を読み取る術を学び、思春期までには、200人から300人に及ぶ氏族構成員一人ひとりの足跡を見分けることが出来るようになります。足跡には痕跡だけではなく、足の振動も残されるそうです。足跡の深さ、揺れ具合がわかるのです。この見分ける能力は、獲物の存在や多様な情報を得ることに繋がり、生きる力を身につけることを意味します。

　周囲の人とのコミュニケーションについていうと、アボリジニの子どもは、言葉が話せるようになる前に手話を身につけ、家族、親族との関係をつくるようになっていきます。アボリジニの子どもは、人生に備えて、特定の場所で何かを学ぶことで成長するのではありません。彼らの成長は、共同体への参加を通じてなされるのです。アボリジニの子どもにあっては、社会環境と自然環境とは共に、ドリームタイム（天地創造の物語と時間。概念としては、今現在にも及んでいる）で同時に生み出されるのです。子どもはこの二つの環境に慣れ親しんでいきながら自然に成長するのです。したがって子どもたちには、人間と自然とが、ありのままの形で共存していく能力が備わっています。

　このように育っていく子どもに対して、大人は子育てに関してはかなり甘いようです。滅多には怒らないし、子どもが悪態をついても怒らずに、むしろ子どもの欲求不満を発散させる方法を考え出すのです。子どもを叩く等ということは人間失格とされているのです。アボリジニの子育てが依拠しているのは、個人の言動の動機等というものは、乳幼児期に備わった

子どもたち自身の普遍的性質に過ぎないという考えです。このような考え方で自然に育った子どもは、驚くほど穏やかな性格の持ち主になるのです。彼らはいつも伸びやかで、自己防衛のために自分の殻に閉じこもることはありません。アボリジニの大人が、感情を爆発させた後、それを忘れてしまうのは、多分、子どもの頃に感情を自由に発散出来たからだと研究者たちによって推測されています。彼らは心の中にある「わだかまり」をそのままにしません。抑圧された感情には、親族や超自然的な秩序との関係をゆがめてしまう恐れがあるからです。

このように、一見アボリジニの子どもたちは、わがままなままで大人になるかというと、そうではありません。子どもたちは感情や欲望をむき出しにすることが許されている一方で、周囲の大人たちの優しい眼差しの中で包まれ、ゆっくり自己中心性の束縛から逃れて、自立した青年へと成長していきます。

このように見てくると、アボリジニ社会は、暴力によらない新たな躾の可能性を探る上で豊かな手本となりそうです。「発達」という言葉で複雑な産業社会に絡め取られ、強制され、抑圧されているわが国の子どもたちに対する躾や教育を考えないではいられません。

（3）アメリカ・インディアンの子育て

アメリカ・インディアンという呼称について、差別を助長するという理由から、ネイティブ・アメリカンと呼び替える動きがありますが、本書では「アメリカ・インディアン」という表記で記述します。

アメリカ・インディアンの家族は大きなものではありません。両親と、子どもが二人と、祖父母というのが基本的な家族構成でした。しかし、実際の家族はそれだけではなく、養子とされた子どもたちや、奥さんの姉妹たちのうちの未婚者、第二、第三夫人等もこれに加わっていました。アメリカ・インディアンの家族は、仕事の時も遊びの時も一年中一緒に過ごします。そうやって幸福な時間を家族全員で分け合い、必要ならば互いに力を貸し合います。

3章3節　諸外国の子育てを考える

　アメリカ・インディアンの赤ちゃんは、たいてい母親の背負う「揺りかご板」の中に入れられて運ばれます。赤ちゃんが服を着せられることはありません。産着の代わりに暖かな毛皮にくるまれているのです。赤ちゃんはおむつをしません。いつも「揺りかご板」の中に乾燥させたスポンジのようなコケを入れておき、そのコケが漏らしたおしっこを吸い取るので、赤ちゃんの下半身はいつもドライに保たれているのです。このコケを取り換えることがおむつ交換というわけです。
　赤ちゃんがはいはいを始めると、「揺りかご板」から出ます。その代わりに動物の皮からつくられた小さなモカシンが足にはかされます。
　そしてよちよち歩きが出来るようになると、野営地を歩き回ったり走り回ったりすることが許されます。その際には部族中の女性たちがよちよち歩きの赤ちゃんに常に気を配ってお世話をします。男の子も女の子も、5、6歳になるまでは母親と同じ部族の女性たちと一緒に生活をします。
　基本的な躾は赤ちゃんが「揺りかご板」に入らなくてもよいころまでには終わっています。アメリカ・インディアンの子どもたちは、「泣くことが重大な罪」であることを教え込まれるからです。泣くと獲物が逃げてしまい、生活に影響をもたらすからです。また敵に泣き声を聞かれると襲われることもあるからです。母親は赤ちゃんが誕生した間もないころから、泣きだしそうになったら、優しく鼻をつまんで、泣かないように躾を始めるのです。泣きやまない場合には、遠くまで運ばれてしまい、「揺りかご板」は遠くの木につるされたまま、泣きやむまで放っておかれるのです。厳しいようですが、躾の内容はその社会の生活に則して行われることが理解出来ます。
　アメリカ・インディアンには、子どもを叩くということは全くといってよいほどありません。そういう時にはフクロウとかコヨーテ等あまり見ない動物の鳴き声が悪役として使われます。しかし、かなり悪いことをした時には、公衆の面前できつく叱り飛ばされます。冷たい川に入れられたりすることもあります。また顔を黒く塗られて家の前に立たせられることもあります。このあたりの躾はかなり厳しいものがあります。

おもちゃは、カメの甲羅でつくったガラガラ、鹿の角からつくられたスプーンなどがあります。お母さんは、お守りになるようにとの願いを込めて、粘土で小さな動物の人形をつくったりもします。
　こうしたおもちゃは、遊んだ後きちんとしまわなければなりません。もし放り出したままでいたら、全部外に投げ捨てられてしまうからです。しかも家の中での遊びは、自分に与えられた空間だけです。
　子どもたちが着るものについていうと、彼らは5歳から6歳になるまでは、よほど寒くない限り服は着ないで育ちます。女の子は6歳ころから長い下帯を身につけます。
　ところで、アメリカ・インディアンの子どもたちは毎朝、学校で目を覚まします。なぜならば彼らの家が学校だからです。彼らの生活する場所それ自体が学校なのです。子どもたちは5、6歳くらいになると、大人の世界で生きていくために必要な技術を習得するための学習が始まります。その学習は親や年長者たちのすることを真似ることです。男の子たちは、魚をつかまえたり、猟をすることを覚えていきます。そのために走ること、多様な身のこなし方、馬に乗る技術を身につけます。そして体を鍛えるために毎日冷たい水で沐浴したり、太りすぎを避けるために少量のトウモロコシと鹿肉に薬草を混ぜ込んだもので、食事もきちんと管理されていました。女の子たちは5、6歳になると、女性の仕事を手伝うように仕向けられます。食事の用意、野菜や果物の収穫や貯蔵や加工することも覚えます。さらに家の中の装飾や着るもの、家庭用品の製作等のつくり方をも身につけます。
　アメリカ・インディアンの子どもたちは、家族や周囲の人の愛情に囲まれて育ち、しかも自分たちの部族が生きていくための躾や教育をきちんと受けます。みんなで生きるための心身の成長が意図され、自立したアメリカ・インディアンの青年へと育っていくのです。そして彼らは自分たちの部族が生きるためには、自分を犠牲にしてでも役立つことを自覚するようになるのです。皆で生きるための躾や教育を受けて、役立とうという自覚を持

つような子育てから、学ぶことが多くあるように思います。

■4節　保育思想家の子ども、子育て、子育ての方法の考え方

　ここでは保育思想家の、子ども、子育て、その方法についてそれぞれの主著を通して学びたいと思います。

（1）ルソー

　ルソーの子育ての思想が『エミール』に書かれていることは、先に述べました。ここでは彼の子ども観、子育て、子育ての方法に関する思想について書きます。その場合、彼が教育にも言及しているので、教育についての考えも述べます。『エミール』には幼年期、子ども期、青年期に分かれて書かれていますが、ここでは幼年期を中心にしながら、子ども期の箇所に書かれている内容で、幼年期に共通する内容を含めて書くことにします。

①子ども観

　さっそくルソーの子ども観から学びましょう。

　ルソーによると「自然は子どもが大人になるまえに子どもであることを望んでいる」と言っています。そして「人生のそれぞれの時期、それぞれの状態にはそれ相応の完成というものがあり、それに固有の成熟というものがある」と説きます。

　繰り返しますが、当時、子どもは早くから大人になることを要求されていました。そのような社会慣習の中で、ルソーは、子どもには子どもとしての完成というものがあると言います。そして子どもは子どもであって、大人とは違う特徴を持っている存在であることを強調しました。それ故彼は、「子どもには子ども特有のものの見方、考え方、感じ方がある。その代わりに私たちの流儀を押し付けることぐらい無分別なことはない」と訴えるのです。

　このように考えるルソーは、子ども独自の存在の特徴が理解されて育った子どもについて、「少なくともかれはその子ども時代を楽しんだのだ。わ

たしたちは自然がかれに与えたものをなに一つ失わせるようなことはしなかったのだ」と自らの教育の考え方に対する満足感を表しています。

　子ども時代の尊重を主張したルソーは、それでは子どもをどのような人間に育てたらよいかという問題について、次のように言います。

　「自然の秩序のもとでは、人間はみな平等であって、その共通する天職は人間であることだ。だから、そのために十分に教育された人は、人間に関係のあることならできないはずはない。わたしの生徒を、将来、軍人にしようと、僧侶にしようと、法律家にしようと、それはわたしにはどうでもいいことだ。両親の身分にふさわしいことをするまえに、人間としての生活をするように自然は命じている。」

　「生きること、それがわたしの生徒に教えたいと思っている職業だ。わたしの手を離れるとき、かれは、たしかに、役人でも軍人でも僧侶でもないだろう。かれはなによりもまず人間だろう。人間がそうなければならぬあらゆるものに、かれは、必要に応じて、ほかのすべての人と同じようになることができるだろう。」

　ここでルソーは、子どもは職業人を目指して育てられるのではなく、人間として育てられることをかなり重視しています。自然は人間としての生活を命じているので、ルソーは子どもに人間として生きることを教えるのを大切にしているのです。

②子どもと教育

　そしてルソーは、子どもについてさらに具体的に表現し、その内容と教育との関係に繋げていきます。

　「わたしたちは弱いものとして生まれる。わたしたちには力が必要だ。私たちはなにももたずに生まれる。わたしたちには助けが必要だ。わたしたちは分別をもたずに生まれる。わたしたちには判断力が必要だ。生まれたときにわたしたちがもってなかったもので、大人になって必要となるものは、すべて教育によってあたえられる。」

　ここでは、生まれたばかりの人間は力が弱いので、教育が必要であると

述懐しています。イギリスのジョン・ロックが『人間知性論』の中で、「心は言ってみれば文字をまったく欠いた『白紙』」と言った内容と同じです。

　しかし、このように弱い人間は、社会によって悪く変化させられるので、そうされないためによい教育による働きかけが必要だとルソーは言います。ルソーの子ども観は必然的に教育に繋がるのです。そして、その教育は、前に言ったように、「自然か人間か事物によって与えられる」と分類しています。そして、この三者の教育について「わたしたちの能力と器官の内部的発展は自然の教育である。この発展をいかに利用すべきかを教えるのは人間の教育である。わたしたちを刺激する事物についてわたしたち自身の経験が獲得するのは事物の教育である」と説明しています。

　ところで、この三者の中でルソーが重視して力説する自然が何であるかはそう簡単ではありませんが、およそそれは「生まれながらのよき人間としての自然」、「草や木等の自然や事物としての自然」、「目指すべき理想社会の内容としての自然」の三つに区分して理解出来ると思います。ルソーの自然は神である、と分析する人がいますが、『エミール』の第4章の「サヴォアの助任司祭の信仰告白」の宗教論を読んだ私にはそうは思えません。

　さて、これらの自然を総合的に重視してルソーは子育て、教育について自分の考えを説きます。

　「教育は生命とともにはじまるのだから、生まれたとき、子どもはすでに弟子なのだ。教師の弟子ではない。自然の弟子だ。教師はただ、自然という首席の先生のもとで研究し、この先生の仕事がじゃまされないようにするだけだ。」

　ここでは、教師としての自然を賛美しています。このように自然を尊重した教育を受ける子どもは、生まれたばかりの時は何も知らない不完全な存在であるとも言っています。しかし人間の子どもは「学ぶ能力がある者として生まれる」のだから「人間の教育は誕生と共に始まる」と言い、「話をするまえに、人の言うことを聞きわけるまえに、人間はすでに学び始めている。経験は授業に先立つ」と言い、具体的に子どもの姿を「目を覚ま

しているあいだは、子どもは無関心な状態でいることはほとんどない。子どもは眠っているか、それともなにかに刺激されている」と表しています。

　時代が大人中心の子どもの考え方であった、そのただ中で子どもを縛ってしまわない、子どもの能力、ものの見方等、子ども特有な人間性を尊重するルソーの子ども観は、まさしく「子ども発見」であるといってよいでしょう。

③子育ての方法

　さて次にルソーの子育ての方法についてみてみましょう。

　先ず、ルソーは「生徒をその年齢に応じて取り扱うがよい」と言っています。その上で「生徒には絶対に何も命令してはいけない。どんなことも絶対に怒らない」と警告しています。別の言い方では「初期の教育はだから純粋に消極的でなければならない」と諭しています。

　このように言った後、ルソーは子どもが感じる最初の感情である苦痛や泣き叫び、彼らが受ける責苦等の子どもにとっての不条理はどこから生じるのか、ということについて次のように述べています。

　「自然に反した習慣からです。母たちがその第一の義務を無視して、自分の子を養育することを好まなくなってから、子どもは金でやとった女に預けなければならなくなった。そこで、ぜんぜん愛情を感じない他人の子の母になった女は、ひたすら骨の折れることをまぬがれようと考えた。子どもを自由にしておいては、たえず見はっていなければならない。ところが、しっかりとしばりつけておけば、泣いてもかまわずに隅っこに放り出しておける。」

　このように当時の子育ての実態を明るみにし、当時の貴族階級の母親たちの子育てを責めているのです。「子どもは乳房と同じように母親の心づかいを必要としているのではないか」と言い、母親が「子どもに乳をやることをやめてしまったばかりでなく、女性は子どもをつくろうともしなくなった。それは当然の結果だ。母親の仕事がやっかいになると、やがて完全にそれをまぬがれる手段をみつけだす」と強く非難しています。

このように当時の母親に対して厳しく責めた後、彼は具体的な子育てについて説いています。先に、言葉を聞き分ける前にすでに子どもは学び始めていることを紹介しました。そのことと関連して、早くから子どもを教育することをなぜしないのかと戒めています。そして、次のように言って早くからの教育を具体的に説明しています。

　「いったい、なぜ教育を、子どもが話したり、聞いたりするまえからはじめないのだろう。なにを見せるかということによってさえ、子どもは臆病になったり、勇敢になったりするのだ。わたしは、子どもを新しいもの、みにくい動物、いやらしい動物、奇怪な動物を見ることになれさせたい。だが、これは、はやくから、すこしずつやることで、そうすれば、やがて子どもはそういうものになれ、ほかの人がそれをいじるのを見ているうちに、しまいには自分でもいじってみるようになる。」

　また、ルソーは次のように言っています。

　「子どもはすべてのものにふれ、すべてのものを手にとろうとする。そういう落ち着きのなさに逆らってはならない。それは子どもにきわめて必要な学習法を暗示している。そういうふうにして子どもは物体の熱さ、冷たさ、固さ、柔らかさ、重さ、軽さを感じることを学び、それらの大きさ、形、そしてあらゆる感覚的な性質を判断することを学ぶのだ。」

　このように、子どもを冷静に観察したルソーは、子どもは、自分で早い段階から学ぶことを始めると訴えています。

④今聞くべき子育ての方法

　次にもっと具体的な子育ての方法を紹介しましょう。

　「子どもの最初の泣き声は願いである。気をつけていないと、それはやがて命令になる。はじめは助けてもらっているが、しまいには自分に仕えさせるようになる。（略）だから、子どもがなにか見ているもので、あなた方があたえてもいいと思っているものをほしがったら、それを子どものところに持ってくるより、子どもをそこへ連れて行ったほうがいい。そういうやり方から子どもは年齢にふさわしい結論を引き出す。」

ここでも、子どもを実際に見た上での彼の子育ての具体的な考え方が示されています。
　そういう意味では、ルソーは、子どもを変に甘やかす方法を説いてはいません。だから彼は次のように言うのです。
　「人は子どもの身をまもることばかり考えているが、それでは十分でない。大人になったとき、自分の身をまもることを、運命の打撃に耐え、富も貧困も意にかいせず、必要とあればアイスランドの氷のなかでも、マルタ島のやけつく岩のうえでも生活することを学ばせなければならない。」
　そしてさらに「苦しいことを子どもから遠ざけ、すこしばかりの苦しみから一時まもってやることによって将来どれほどの事故と危険を子どもにもたらすことになるか、弱い子ども時代をいつまでもつづけさせて大人になったときに苦労させるのは、どんなに残酷な心づかいであるかを考えないのだ」と言い、また「この時期においてこそ、人は勇気をもつことを最初に学びとり、すこしばかりの苦しみを恐れずに耐え忍んで、やがてはもっと大きな苦しみに耐えることを学びとる」と、子どもを真に思う気持ちを吐露しています。ルソーは、子ども時代に何でも子どもの望み放題にして育てることを主張しているのではなく、子どもの将来のことをも考えて子育てを論じているのです。ここを間違って解釈してはいけません。
　このことをさらに具体的に言うと、「わたしはエミールがけがをしないように注意するようなことはしまい」とさえ言うのです。さらに次のように言います。
　「肉体を、器官を、感官を、力を訓練させるがいい。」
　「人は子どもに厚着をさせすぎる。ことに幼いころはそうだ。しかし、暑さよりもむしろ寒さによって子どもをきたえなければならないのだ。」
　「わたしはエミールに、冬、ストーヴのそばで運動をさせようとは思わない。戸外で、野原のまんなかで、氷のなかで運動させたい。雪で玉をこしらえたり投げたりして、それで体が熱くなるだけなら、喉がかわいたときには水を飲ませることにしよう。飲んだあとにも運動をつづけさせよう、

3章4節　保育思想家の子ども、子育て、子育ての方法の考え方

そしてなんにも、事故を心配しないようにしよう。」

このように、ルソーは当時の親たちに具体的に説得しているのです。

そして子どもの育ちにとって大切なことを指摘しています。今日の子育て、保育にとって傾聴すべき内容です。いくつか引用しましょう。

「わたしたちのうちに最初に形づくられ、完成される能力は感官である。だから、それを最初に育てあげなければならない。ところが、それだけを人は忘れている。」

「感官を訓練することはただそれだけを用いることではない。感官をとおして正しく判断することを学ぶことであり、いわば感じることを学ぶことだ。わたしたちは学んだようにしか触れることも見ることも聞くこともできないからだ。」

「泳ぐこと、走ること、飛びはねること、コマをまわすこと、石を投げること、こうしたこともすべてたいへんけっこうなことだ。しかし、わたしたちは、腕と足だけをもっているわけではあるまい。目や耳もあるではないか。しかもこれらの器官は腕や足をつかうときに必要のないものではない。だから、力だけを訓練してはいけない。力を指導するすべての感官を訓練するのだ。」

「それぞれの感官を出来るだけよく利用するのだ。それから、一つの感官の印象を他の感官によって調べるがいい。大きさをはかったり、数を数えたり、重さをはかったり、比べてみたりするがいい。どの程度の抵抗を示すか推定したあとでなければ力を用いないようにするがいい。結果を推定することがいつも手段を用いることに先立つようにするがいい。不十分な、あるいはよけいな力をけっして用いないように子どもに関心を持たせるがいい。そういうふうに自分が行うあらゆる運動の結果を予見し、経験によって誤りを正す習慣を子どもに付けさせれば、行動するほどますます正確になってくることは明らかではないか。」

少し長く引用しましたが、ここは現在の子育て、保育にとって根本的に要求されている内容だと思います。いわゆる知的能力がさかんに叫ばれて

103

いますが、幼児期の子どもにとっては、感官を用いることで多様な基礎的な力が育っていくのです。今こそこのことをルソーから学びたいと思います。

　そして、ルソーは、この感官の使用は遊びを通してなされることを強調しています。

　「子どもの遊びを、楽しみを、その好ましい本能を、好意をもって見まもるのだ。口元にはたえず微笑がただよい、いつもなごやかな心を失わないあの年ごろを、ときに名残り惜しく思いかえさない者があろうか。」

　「どうしてあなたがたは、あの純粋な幼い者たちがたちまちに過ぎさる短い時を楽しむことをさまたげ、かれらがむだにつかうはずがない貴重な財産をつかうのをさまたげようとするのか。」

　ここには、当時の子どもに対する大人の認識と態度に対するルソーの怒りとも思える言葉が読み取れます。先にも少し触れましたが、当時は幼児でも家庭の中にいるというより、地域に出て、地域の大人と触れ合うことで大人から直接いろいろなことを学び、仕事を見たり手伝ったりしていました。幼児期、子ども期は存在しなかった時代でした。早くから労働や仕事に接して育った子どもにとって、仕事ではなく「遊びが仕事だ」というルソーの主張は画期的でした。

　以上がおおよそのルソーの子ども、子育て、子育ての方法の思想です。まだまだ彼の子育てについて学ぶことがありますが、保育者を目指す学生にとっては、これまで紹介した内容が理解できればよいと思います。

(2) ペスタロッチー

　ペスタロッチーの考える子ども、子育てとその方法について、代表作の『隠者の夕暮』と、幼児教育について書いてある『幼児教育の書簡』から順に学ぶことにしましょう。

①ペスタロッチーの基本的な考え

　ペスタロッチーは、子どもの育ちや子育てについて人間は悩み苦しみ、そのあり方を模索してきたと語っています。そうした人間について「遙か

遠くに迷える人類がさまよってゆく」と共感を示しています。

　さてそこで先ず、彼の人間観についての有名な言葉を紹介しましょう。

　「玉座の上にあっても木の葉の屋根の蔭(かげ)に住まっても同じ人間、その本質からみた人間、一体彼は何であるか。」

　筆者も大学入学後、この言葉を読んで、雷に撃たれたような感覚を昨日のように覚えています。身分の低い人でも、王様のような人でも、人間の本質から見たときは同じであると言うのです。そして本質から見たとき、人間とは何であるかと問うのです。そして彼は「何故に賢者は人類の何ものであるかをわれらに語ってくれないのか。何故に気高い人たちは人類の何ものであるかを認めないのか。農夫でさえ彼の牡牛を使役するからにはそれを知っているではないか。牧者も彼の羊の性質を探求するではないか」と問い正すのです。つまり、賢いといわれる人や気高い人たちはなぜ農夫や牧場の飼い主が自分の羊を知っているように、人類について知らないのかといって、社会の中で上位にある人たちを非難します。

　「汝ら人間を使役し、そしてこれを護り、これを牧すと称する者よ、汝らもまた農夫が彼の牡牛に対するような労苦を払っているか。汝らもまた牧者が彼の羊に対するような心づかいをしているか。汝らの智慧(ちえ)は人類についての知識であるか、また汝らの親切は国民の聡明な牧者がもっているような親切であるか。」

　このように、かなり強い調子で上に立つ人たちを責めるのです。

　このように叫ぶペスタロッチーの基本的な思想がキリスト教の神への信仰であることを再度確認しておきたいと思います。そのように考える彼は前にも紹介したように、「神は人類に最も近い関係だ」と言います。この「最も近い関係」という意味は、物理的に近いという意味ではなく、人間の誰にも心の中に与えられている、神に対する感覚であると考えてよいでしょう。

　次にペスタロッチーが説く「自然による導きと学校教育」について考えてみましょう。なお、自然については次の章でもう少し詳しく説明します。

「高貴なる自然の道よ、汝が導きゆく目標である真理は、力であり、行いであり、陶冶の源泉であり、人類の全本質の充実であり、整調である。」

自然の道は「真理に導く」と言い、「陶冶の源泉であり」「人類の全本質である」と考えるのです。自然は偉大な存在として考えられています。

そして、自然の力は「その導きのうちには少しも窮屈なところがない」と次のように明言しています。

「自然の力はたとえそれが抵抗できない強い力で真理へ導きゆくとはいえ、その導きのうちには少しも窮屈なところがない。鶯の声が暗い闇の中に響けば、自然の万象は爽やかな自由のうちに動き立って、どこにも差し出がましい秩序の陰影はみられない。」

そして、自然に反する学校教育を批判して次のように言います。

「学校の人為的な方法は、急がずに時期を択ぶ自由な自然の言葉の順序をともすればむりやりに駆り立てようとするが、こうした方法は人間を教育して、内面的な本性の力の欠乏を覆い、そして現世紀のような浮薄な時代を満足させる人為的な虚飾的なものにしてしまう。」

ペスタロッチーは、自然の急がない自由な言葉の順序を無理やりに駆り立てる学校の方法は、人間の本性の力の欠乏を覆いかくしてしまうと批判するのです。

そして学校陶冶について次のように言います。

「生活の立脚点よ、人間の個人的使命よ、汝は自然の書で、汝のうちには自然というこの賢明な指導者の力と秩序とが横たわっている。そして人間陶冶のこの基礎の上に築かれていない学校陶冶はすべて指導を誤ることになる。」

ここでペスタロッチーは、人間の内には自然という賢明な指導者の力と秩序とが横たわっていると言っています。しかも自然の人間陶冶の基礎の上に築かれない学校陶冶は指導を誤ると言うのです。

このことと関連して、自然の力や秩序に基づかないで身につけた「散乱し混沌としている博識もまた同様に自然の道ではない」と厳かに指摘して

います。

②家庭について

次にペスタロッチーの家庭、母親、父親についての考えをみることにしましょう。ペスタロッチーにおいては、子どもの育ちにとって家庭が重要な位置を占めていることを改めて確認しておきたいと思います。

先ずペスタロッチーは、「人類の家庭的関係は最初のかつまた最も優れた自然の関係だ」と言います。彼の自然の考え方は、これまでの言葉からも理解されるように、真理であり、真理への道です。ここでは、人類の家庭的関係が最も優れた自然の関係であるということによって、家庭が人類の本来の関係的なあり方そのものであると言うのです。

そして家庭の中の母親について「満足している乳呑子(ちのみご)はこの道において母が彼にとって何であるかを知る。しかも母は幼児が義務とか感謝とかいう音声も出せないうちに、感謝の本質である愛を乳呑子の心に形作る」と言います。幸福をもたらす真理が母の中にあり、その母の乳に満足している乳飲み子は母が何であるかを知り、母は、義務とか感謝について乳飲み子が言葉で表せないうちにそれらの本質である愛を乳飲み子の心に形づくる、と言うのです。

そして家庭の中の父親について「父親の与えるパンを食べ、父親と共に囲炉裏(いろり)で身を暖める息子は、この自然の道で子供としての義務のうちに彼の生涯の淨福をみつける」と言うのです。父親の手から直接パンを食べ、父親と共に囲炉裏で身を暖める息子は、この父親と子どもという自然の関係の中で生涯の淨福を見つけると言って、家庭の重要性について宣言します。

ペスタロッチーはこのように家庭の母親、父親について高く評価しているのです。

以上のように家庭的幸福について母親の役割、父親の役割が自然に基礎をおくことの重要性を述べ、ペスタロッチーは子どもについて次のように言います。

「子心と従順とは完成された教育の結果でもなければ、またその後にくる結論でもなく、人間陶冶の早期のかつまた最初の基礎でなければならない。」

このように、ペスタロッチーは、両親に対する子心と従順を重視しており、それは教育の結果によって形成されるのではなく、人間陶冶の、早期かつ最初の基礎でなければならないと訴えるのです。

ここに、家庭での自然の導きによる父親と母親と子どもとの親密な関係が、子どもに子心と従順を育てるというペスタロッチーの考えが見て取れます。彼は「ルソーが離したものを、結ばなければならない」と言って、子どもの子心と従順とを重視しました。ルソーは、どちらかというと、子どもの自由を尊重し、親への従順を説かなかった、そのことをペスタロッチーは評価していなかったようです。

③『幼児教育の書簡』にみるペスタロッチーの子育て、保育の思想

ペスタロッチーは晩年、イギリスの友人であるグリーヴズに宛てて、手紙形式で幼児教育について書きました。この手紙は単なる手紙ではなく、幼児教育に対する彼の思想書といってよいでしょう。小学生年齢の子どもの教育を実践し、その実践に基づいて多くの本を書いた彼は、最後に幼児教育について自らの考えを手紙、つまり書簡の形をとってまとめたのです。

彼はこの『幼児教育の書簡』の最初で次のように言っています。

「しかし、わが親愛な友よ、半世紀にあまる経験とこの経験に基づく衷心の堅い信念によれば、われわれの改善した組織が幼児教育の段階にまで延長されない限り、われわれの仕事は半ば成就したものとはみなされるべきではなく、また人類の本当の福祉に対するその結果にも半ばの期待もされるべきではないことは確かであると思う。」

ここには、彼が実践した学校教育が組織として幼児教育の段階まで延長されなければ、自分たちの仕事は半ば成就したとみなされるべきではない、との訴えが見て取れます。たしかに、幼児教育に取り組み、世界で初めて幼稚園をつくったのはフレーベルですが、ペスタロッチーも幼児教育の必要性を考えていたのです。

④子育てとキリスト教との繋がり

さて次にペスタロッチーの子育て、教育についての考えをみることにしましょう。先ず彼の子育て、教育は、ここでもキリスト教と繋がっていることをみましょう。

「聖書に啓示され史書に顕現(けんげん)されたキリスト教の究極の使命に対しては、人類の教育を完成することをその目的とするという以上に、適切な表現をわたしは見出すことができない。」

ここで彼は、キリスト教の究極の使命は、人類の教育を完成することが目的であると言っています。そして「われわれがキリスト教をもって、人類教育の大目的を達成するために無限な神知によって採択された計画であると考えるのは、実に妥当な見解であるが……」とも言っています。

「キリスト教的真理の受容に最もふさわしい精神状態に最も多くの光明を投げかける聖書の章句のうちで、わたしは次の救世主の言葉を最も感銘深いものの一つとしてつねに考えてきた。『およそ幼子のごとくに神の国を承(う)けざる者はこれに入ることを得ざるなり』。」

彼はキリスト教の真理を受け入れるにあたって、最も光明を投げかける聖書の言葉が、「幼子のごとくに神の国を承けざる者はこれに入ることを得ざるなり」だと言っています。「これに入る」とは、天国に入ることを指します。子どものように素直になって神の国を承け入れなければ天国に入れないということは、子どもが最も人間として優れていることを示しているといってよいと思います。

⑤幼児とその保育、教育

さらに続けてペスタロッチーは、「われわれの大きな目的は幼児の心意の発展であり—そしてわれわれの大きな手段は母親たちの活動である」と言うことによって、母親の役割の重要性を強調しています。それ故彼は、「そこでわれわれの研究劈頭(へきとう)にきわめて重要な問題が提出される。われわれが母親に負わせようとする義務と課題のために必要な資格を、母親が果たして備えているかと」と注意を促し、その上で、われわれの大きな目的は、

幼児の心意の発展である、と言っています。

そして次のように言います。

「教育の究極目的は学校における学芸の完成にはなくて生活に対する適応にあり、盲目的な服従や命ぜられたことを勤勉に行なう習慣を獲得することではなくて自立的な行為に対する準備であるということを、われわれは心に銘じて忘れないようにせねばならない。」

このように、教育の目的は生活に対する適応にあり、自律的な行為に対する準備であると強く主張しています。そして次のように言っています。

「神はあなたの子供に人間の本性に関するすべての能力を付与している。しかし重大な事がらはなお未解決のままで残っている！　どうしてこの心臓と、この頭脳と、この両手は使用せられるべきであるか。それらはなにびとへの奉仕に捧げられるべきであるか。この質問に対する解答こそ、あなたにいとしいかの生命に対する、幸か不幸かの将来を妊んでいるものなのである。」

たびたび言うように、彼は心臓と頭脳と両手、つまり心と頭と両手の三つが重要であり、この三つが心を中心として調和的に発達することが重要であり、そのことが子どもの幸、不幸に関わると説くのです。

「神はあなたの子供に精神的な本性を付与している。すなわち神は良心の声を子供のうちに植え付けている。――しかも神はそれ以上のことをしている。神はこの声に耳を傾けるべき能力を彼に与えているのだ。神は子供に対しておのずと天に向かう目を与えた。」

このように述べて、神は子どもに良心の声を植えつけていて、その良心の声に耳を傾ける能力を与えていると、説いています。

しかし、こうした能力は未発達なので、教育によって未発達の芽が開くと言うのです。以下に引用します。

「児童は人間性のすべての能力を賦与されているものであるが、しかしその能力はいずれも発達しておらないので、いわばまだ開いていない芽のようなものである。その芽が開くと、おのおのの葉が開いて、開かない葉は

一枚も残らない。教育の過程はこのようなものでなくてはならない。」

そしてこの芽が開くために「あなたの子供はその道を歩むことを学ばなければならない」と言い、「わたしは存在の最初の段階における幼児の本能的な働きを、仁慈にして全知な神の驚くべき摂理であると考えているのである」と言って、幼児の本能的な働きが、神の驚くべき摂理であると説いているのです。しかも、この幼児の本能的ともいえる動物的な働きは、神の本意であるという考えを表します。

今述べたように、神の摂理の働きによって子どもの本能は働くが、それは子どものうちに信仰と愛の積極的な力が与えられているからだと言うのです。これは次の言葉から理解されます。

「子供のうちには信仰と愛の積極的な力が存在しているということを、わたしは最も強い光に照らしたいと思う。信仰と愛とは、神の導きのもとにわれわれの天性を定められた最高の祝福にあずからせるところの二つの素質である。この力は他の諸能力のように幼児の精神のうちに潜伏の状態にあるのではない。」

また次のように言っています。

「愛と信仰という崇高な支配的素質のもとに、われわれ自身の欲望を諦めわれわれの希望と願望とを従わせることの報酬としての、平安と愉悦の予感さえも、子供のうちには存在しているのである。」

ここでは、愛と信仰の素質のもとに、欲望をあきらめ、「希望」と願望とを従わせることの報酬として平安と愉悦の予感が子どもには与えられていると言うのです。そして「この諦めの行為は、たとえその直接の対象がいかに些細なものであるにもせよ、意識的、原理的な自己否定の実行に向かう第一歩である」と言います。ここではルソーには見られない「自己否定」という用語によって、ルソーとは異なった子ども観が示されています。ルソーは、子どものそのままを認める考えを再三主張していますが、ペスタロッチーは、子どもに自己否定を求めるのです。ここに、ルソーとペスタロッチーの子ども観の微妙な違いが見てとれます。

また、ペスタロッチーは、子どもには人間の霊の働きによる精神的向上に関する思考の力が、一種の啓示によって幼児時代に伝えられると次のように表現しています。
　「キリストの神聖な教義の影響のもとに、人間の霊の営むことの出来る精神的向上に関する最高最強の力は、一種の啓示によってかよわい幼児時代に伝えられるものである。」
　ここにもルソーには見られない、人間の霊の営みによる精神的な向上の力が、一種の啓示によって幼児時代に伝えられるというペスタロッチー独自の考えが見られます。

⑥母親の役割

　このように神によって幼児時代には力が与えられますが、先にも述べたように、現実的には母親の力によって、芽としての力は花開くと主張します。
　「わたしが前便に述べた理由によって、母性愛が最も有力な動力であり、愛情が初期教育における本源的動機であることの主張は正当であると思う。」
　このように、母性愛が動力であり、愛情が教育の本源的動機であると言明します。さらに次のようにも言っています。
　「いうまでもなくわたしは愛を第一の必要条件と考える。それはつねに顕現しているものであるが、ただおそらくはさまざまの形に変容せられているに過ぎないのである。わたしが母親に要求したいことのすべては、彼女がその愛をできるだけ強く働かせ、しかもその行為においては思慮によって愛を調節することである。」
　ここでは「愛」を強く働かせ、思慮によって愛を調節するように母親に注意を喚起しています。
　そして次のように、母親の役割を具体的に説きます。
　「先ず第一に母たるものに良い古の法則をしっかりと固守し、幼児に対する不断の注意を怠らせないようにし、またできるだけこれと同じ径路をたどらせるがよい。」

このように、幼児に不断の注意を払うように勧めています。そして具体的に「彼女の子供の欲求が真実のものである場合には、それらの欲求をゆるがせにさせないがよい。それらの欲求が架空的のものである場合、あるいは執拗にせがまれたからといって、それらの欲求を恣(ほしいまま)にさせてはならぬ。このことの実行を母親が固守することの早ければ早いだけ、忠実であればあるだけ、その幼児の受ける真の利益はいよいよ大きくまたいよいよ永続するであろう」と言って、母親は子どもの欲求の是非を見極め、子どもの欲しいままにしてはならないと訴えています。

　そしてこの、子どもの欲しいままにさせてはいけないことと、自己否定との関係に言及して次のように言っているのです。

　「これこそわたしがそこに自己否定の実行を帰着させたいと思うところの目標である。この理由のためにわたしは世の母親が幼児の渇望の統制のために深甚の考慮を払うことを強調するのである。」

　そしてペスタロッチーは、今述べた「自己否定」と関連して、子どもへの甘やかしについて次のように説明しています。

　「もし厳格に類することはいっさいこれを避けようとの希望から、母親が誤って際限もなく甘やかすようなふうになっていたとすれば、たとえいかほど善意から出たにもせよ、彼女の取り扱い方に分別を欠いていたということがあまりにもてき面にあらわれるであろう。」

　このように言って、厳格にしないで甘やかすことはよくないと注意を促しています。そして甘やかされた結果がどうなるかを知るためには「また年少の時代に過度に甘やかされて育てられた子供たちに、その結果害を蒙(こうむ)るようなことがなかったかどうか、また次から次へと刺激を追求していて理性的な愉悦と永続的な幸福とに対する第一の条件たる、かの健康と静穏と精神の平静とをかつて感じたことがあるかどうかを語らせてみるがよい」と、自分の主張の正当性を確認してもらうために勧めています。

　さらに続けて次のように言っています。

　「過度に甘やかされて育った子供たちに、こうした教育法が少年時代の無

邪気な遊戯に対して、また忘れがたい冒険に対して、一種の趣きを付与する傾向をもつかどうか、またそれがあるいは誘惑に耐えあるいは青年の気高い感激をともにするだけの力を与えるかどうか、また成人後の活動に確実性と成功とを保証するものかどうか、これらのことを語らせてみるがよい。」

⑦子育ての方法

　母親の子育てについて説いた後、ペスタロッチーは子育ての方法に言及しています。

　「しかし各能力がみずから存在の微候を示すに足るだけの発達状態となってあらわれる以前に、母はいかにして各能力を見分けてこれを指導するかを知るべきであろうか。それは実に書物からでなくして、むしろ事実に即した観察からである。」

　ここでは母親の子育ての方法について、書物からではなく、事実に即した観察から始めるように、と説いています。

　さらに「子どもの安全を守護することだけを唯一の目的として、その子どもを観察してきた母親のひとりひとりに対して、人生の最初の時代においてさえ、諸能力が一歩一歩と進展していることに、彼女が気付かなかったかどうかを尋ねたい」と言って、子どもの安全ばかりを目的としている母親に対して注意を促しています。

　しかもペスタロッチーは母親に対して、子どもをおとなしくさせるのではなく、いたずらとも思えるようなことを子どもの手を使わせてやらせるように訴えるのです。そして「その手はただ人生の習慣や娯楽に関連するすべてのことに用いられるのみではなく、おそらくは芸術上の傑作をもって世界を驚嘆させ、あるいは電光石火のような天才の霊感を捕えて、これを後世に伝えて人々を讃嘆させもするのである」と、手の働きを高く讃えるのです。

　そして「この小さな手の最初の努力は、このようにしていまやあらわれ始めようとする能力に、無限の領域を開くものである」と、手は能力に無

3章4節　保育思想家の子ども、子育て、子育ての方法の考え方

限の領域を開くと言います。そして「子供の最初の努力は、多少の苦痛を伴うものであるが、しかも漸次に回数と強度を増加しつつ、これを反覆するに十分なだけの喜悦を宿しているものである。いわばそれがたとえ盲目的な努力であったとしても、子供の最初の努力が一度過ぎ去ってしまうと、その小さな手はさらに完全な役割を演じ始める。この手の最初の運動から、玩具を弄ぶ最初の把握から、手を道具とする無限の行動の系列が始まるのである」と言って、手を道具とする無限の行動が始まるとしています。

しかもこの手を使うことを含めても、母親や大人は、子どもに対して親切に扱うことがよい結果をもたらすと、次では言い切っています。

「わたしの『希望』として、いやしくも教育に従事するすべての人々の注意を喚起したいと思うところの事実の性質について、ほとんどの疑問の余地を残さしめないようにするくらいに、わたしの見解を説明しましょう。子どもを親切に取り扱うということが、他のどんな手段を使用するよりも、いっそう多くの成果を収めることが出来るということは、多くの教育者が過去の経験からたやすく承認するところである。」

このように、子どもを親切に扱うように訴えています。

そしてペスタロッチーは、優しく子育ての方法について言います。

「これを行う方法は決して子供に対して多くを語ることではなくて、むしろ子供と共に語り合うことである。いかに親しみのある、あるいはよく選ばれた言葉でも、多くを彼に話しかけることではなくて、むしろこの題目について彼の思うところを述べさせるようにすることである。」

ペスタロッチーは、二つのことを私たちに静かに進言しています。一つは、子どもと共に語り合うこと。二つには、子どもの思うことを話させることです。大人が多くを一方的に話すのではなく、むしろ子どもの思うことに耳をじっと傾けることの重要性を私たちに教えるのです。

そして子どもの話しを聞くだけではなく、さらに深く子どもへの関わり方を彼は教えてくれます。

「この題目をきわめつくさせることではなくて、むしろこれに関して子供

に疑問を起こさせ、彼にその解答の発見または訂正をさせることである。移りやすい幼児の気分が冗長な説明に耳を傾けるように仕向けられるものであると期待するのは笑止であろう。子供の注意力は冗長な説明によって鈍くされるが、生気ある質問によって目覚まされるものである。」

　ここでペスタロッチーは、子どもに大人の冗長な説明を聞かせるのではなく、子どもに疑問を起こさせ、解答の発見、または訂正をさせることをしなさいと勧めるのです。そして、そのために子どもが真剣に考えるような生気ある質問をするようにと喚起しています。

　以上がペスタロッチーの子ども、子育てと方法についてのおおよその考え方です。

（3）オーエン

　ここでは、オーエンの考える子ども、子育てとその方法について学びましょう。

①オーエンの子ども観と環境との関係

　オーエンの保育思想は、社会の中で貧しい家に生まれて育った子どもを救いたいという考えのもとで練り上げられています。彼は子どもの育ちにおいては、子ども自身には責任はないと考えています。社会の中で邪悪と呼ばれる人たちには、明瞭な原因があると明言しています。

　悪い人についてオーエンは次のように言います。

　「彼らは生まれながらにあるいはその他の偶然的出来事によって、特定の国のなかに配置されてきたこと、幼児から両親、遊び友達およびその他の人びとの影響を受けてきたこと、いわゆる邪悪な習慣と情操を必然的に植えつけるような特定の環境に囲まれてきたこと。」

　このように、悪い環境に囲まれていた人たちが悪くなると説明しています。そして、「あらゆる幼児はそのすべての肉体と精神の能力と性質を自分でどうにもできない力から与えられたのだということは、一つの事実なのではありませんか」と言って、幼児は、自分のすべては自分ではどうしようもない力から与えられたのだから、子どもには責任はないと弁護するの

です。

　そして子どもは生まれた後の環境によって教え込まれるのだと主張します。オーエンは次のことを、私たちは歴史的事実から知っているのではないかと言います。すなわち、「幼児たちは、すべての過去の時代をつうじ、かれらを囲んでいる人びとから言語・習慣・情操を教えこまれたのであり、その教わった以外のどんなものも自分の力で獲得することは出来なかった」ということです。

　このように、周囲の人たちから教え込まれることを強調しています。したがって幼児は自らの中につくられていく情操や習慣に対して何らの責任をも負えないのだと、幼児をかばうのです。そして、さらに「幼少時に、どんな印象でも（いかにこっけいでばからしいものであろうと）植えつけられ、一生をつうじてそれにとりつかれるようになるものであります。これが人間の本性（自然）の一法則であります」と、幼少時に植えつけられた印象によって、一生それに取りつかれると説明するのです。

　このように、子どもへの環境の影響を指摘するオーエンは、「諸個人を取り囲んでいる特殊な環境が各階層の習慣と情操に及ぼす決定的な影響を正確に知ることが必要になってきます」と、注意を呼び起こします。環境の影響力を指摘する彼は、「一般に性格は個人のために形成されるのであって、個人によって形成されるものではない」と、子どもに助けを出します。

②児童労働と教育の必要性

　当時のイギリス社会では、厳しい児童労働が子どもに悪い影響を与えていましたが、子どもの人間形成に対する対策が国にも社会にも存在しなかったのです。オーエンは児童労働の過酷な実態を憂えて、教育以外の手立てが有効でないことを訴えています。「男女の成人はもちろん、いたいけな年齢の子どもさえが、一日一四時間ないし一五時間不健康な職場で働くことを強制されているとき、いったい、何の効果がありましょうか」と嘆いています。そうした状況を憂慮した彼は、児童労働の廃止ないし、児童労働の廃止と労働の条件改善を、さらに教育の計画を立てる必要性を強く訴え

ました。その「計画には幼児期の始まりからあらゆる種類の良い習慣（もちろんそれが子どもの嘘とごまかしの習慣定着を防ぐであろうが）を子どもに付ける訓練が盛り込まれていなければならない」と教育の必要性を指摘しています。

③性格形成新学院の創立

　子どものために多様な改善策を考えたオーエンは「改善の進行のこの最初の段階において、このような家庭的・社会的技能と習慣を受け入れ、しっかり応用できるように徐々に諸個人を慣らしていく環境をかれらのまわりにつくってやる手立てが必要になった」と訴えて、実際にその環境をつくりました。１章でも紹介したように、このため「性格形成新学院」と称される建物が工場施設の中央に建設され、その前に囲いのある空地が設けられました。ついに「性格形成の学院」が設立されたのです。そしてこの学院の中の「空地はひとり歩きできるころから学校へ入るまでの、村の子どもらの運動場のつもりであった」と空地の利用についても説明しています。誕生後の６か月の終わりにさえ性格はつくり上げられてしまうことを心配した彼が取った実際の行動でした。

　この「学院」の目標について、オーエンは次のように演説しています。

　「当村全住民の外面的性格とともに内面的性格をも、完全且つ徹底的に改良するということであります。当学院は、こういう目標のもとに、あなたたちの子どもさんを大体歩けるようになると、つまりごく幼い年頃から収容する施設として案出されたものであります。（略）子どもたちはさまざまな悪習慣を獲得しないようにまもられ、しだいに最良の習慣を身につける下地がつくられるでしょう。」

　そしてこの施設内で子どもがする主な仕事は、天気の悪い時に遊んだり楽しんだりすることと、天気のよい時には建物の前にある柵で囲まれた庭を、身体を頑丈にするために使わせると説明しています。そして子どもが次第に大きくなると、部屋で規則的に一般学習の初歩を教えるのです。この初歩の学習が６歳になるまで行われます。

しかもオーエンは、環境が子どもに影響すると言う一方、「すべての個人は自分自身の性格を任意に形成することが出来る」と主張し、子どもは自分で努力をして性格を自分で形成することが出来得ると説いています。そして次のようにも言います。
　「人間性は例外なく自由に変形出来るものである。それゆえ適切な訓練をすれば世の中のどの部類の幼児であろうと、まったくそれとは別の部類の成人にも楽に形成される。」
　このように、適切な訓練によって人間性は変形出来るとはっきり言っています。もう一つ彼の言葉を紹介しましょう。
　「すべての出発点にある基礎原理は、『子どもたちは、みんないっしょにして、どんな情操や習慣でも教えられる』または言い換えれば『どんな性格も習得出来るように訓練される』」
　そこで注意しなければならないことは、先にも言ったように、幼児の性格は自分で形成したのではない、ということです。したがって、幼児を怒ったり、叱ったりするのではなく、親切に教えなければならないと何度も説くのです。このことが彼の子育てにおいては決定的に重要です。
　さて、このように幼児の人間形成について、真剣に考えて実行したオーエンが自らについて語っている言葉を紹介しましょう。
　「さて、私自身のことでは、あなたたちに急にあらたまった態度をとってくれとは申しません。ただ、私は、あなたたちとその子どもらに、ひいては人類全体に恒久的な大利益をもたらすようにと夢中で努力している人間だということを考えてもらいたいのです。私はあなたたちの感謝・愛・尊敬を求めるものではありません。」
　謙虚で誠実なオーエンは、人からの感謝とか尊敬を求めるのではなく、すべての人間に恒久的な大利益をもたらすように夢中になっている人間であることを考えてほしいと、訴えています。
　ここまでオーエンの子ども、子育てとその方法及び教育の必要性をみてきました。子どもの環境が子どもに大きな影響を与えることを見抜いた彼

は、子どもを児童労働から解放し、よい親切な教育を施す教育機関をつくって、早くから子どもに教育をすれば、子どもはよい人間となり、社会もよくなると当時のイギリス社会に叫んだのです。

（4）フレーベル

ここでは、フレーベルの考える子ども、子育てと方法について彼の主著である『人間の教育』から学びましょう。

①神と教育との関係

フレーベルの子ども、子育てと方法の思想は、ここでも基本的には神との関係で構築されていることを確認したいと思います。

その基本に則ってフレーベルは次のように言っています。

「神は、人間を創造して、これに神の像を与えた。それゆえ、人間は、神と同じように創造し、同じように活動しなければならない。」

人間は神の像だとする考えがフレーベルの人間観です。この考え方はキリスト教の旧約聖書の「創世記」に基づいています。このような人間観に立って、フレーベルは教育観について次のように言っています。

「かくて、人間のなかにある神的なもの、すなわち人間の本質は、教育によって、人間のなかに展開され、表現され、意識化されるべきであるし、また当然そうでなければならない。」

人間の本質と教育との関係をこのように考える彼は、「したがって人間も、かれのなかに働いている神的なものに自由にかつ意識的に従って生きることができるように、またこの神的なものを自由に表現することができるように、高められるべきであるし、また当然そうでなければならない」と言って、人間は神的なものに自由に、意識的に従って生きることが出来るように、また、神的なものを自由に表現することが出来るように高められるべきだと説いています。

②両親の役割について

続いて、フレーベルは親の保育について述べています。先ず保育の目的について次のように言っています。

「こうして、人間のすべての力やすべての素質を覚醒し、発達させ、刺激して、人間のもろもろの素質やもろもろの力の要求を充たすことが出来るような、それを満足させることが出来るような能力を、人間の四肢や器官のすべてに付与すること、これが、両親や家庭や家族の範囲内で行なわれる母親および父親による児童保育の対象であり、目的である。」

　ここでフレーベルは、人間のすべての力、素質を覚醒し、発達させ、それらの要求を充たし、それらを満足させるような能力を人間に与えることが保育の目的であると説いています。

　次に、人間は神の永遠不滅の本質にしたがって認識され、保育されるべきことが次のように説明されています。

「人間は、だれでも、神的なものが人間の形態をとって現れつつある、またすでに現れているものとして、神の愛、神の親近さ、神の恩寵(おんちょう)の担保として、神の賜物(たまもの)として、その永遠不滅の本質にしたがって、その魂やその精神に従って、認識され、保育されるべきである。」

　そして、「なにも教えられなくとも、またなんらの要請も受けずに、さらにどんな学習も経ずに、生みの母は自然に、自ら、このことを行っている」と言い、母親は自然に人間にとっての保育を行っているとして、母親の存在の価値について明らかにしています。

　こう言ってからフレーベルは、両親を含めて教育全体の義務について、その考えを次のように表しています。

「人間と自然とは、共に神から生じ、神の制約を受けながら神のなかに安らう存在であることを、教育、教授、教訓によって、人々の意識に高め、またそれを人々の生命のなかに有効に働かしめること、これが、教育全体の義務である。」

　ここでフレーベルは、人間と自然とは共に神から生じ、神の中に安らう存在であることを、教育によって人々の意識に高めることが教育の全体の義務であると、その深い考えを表しているのです。

　そして、先に２章でも引用した言葉と同様な言葉を表しています。

「それゆえ、教育は、人間をして、自己自身および人間を認識せしめ、さらに神および自然を認識せしめ、そしてかかる認識に基づいて、純粋神聖な生命を実現せしめるように、人間を高めなければならない。」

ここでは、教育は自己と人間、神、自然を認識させ、その認識に基づいて純粋神聖な生命を実現させるように、人間を高めなければならないと強調しています。

このように子育てを含めた教育全体について述べた後、フレーベルは、幼児期の両親の役割について次のように説いています。

「人間はだれでも、すでに幼時から、人類の必然的、本質的な一員として、認識され、承認され、かつ保育されるべきである。」

ここでフレーベルは、人間は幼児期から人類の本質的な一員として認識されて保育がなされるべきであると言うのです。今からするとかなり本質的なことを言い切っていると思います。この主張はルソーの子どもを人間として、また社会の一員として尊重しようと呼びかけている考えに通じるものがあります。

このように彼は、「したがって両親は、保育者として、神や、子どもや、人類に責任を感ずるべきであるし、また、その責任を認識すべきである」と言い、両親の責任を強く追及しています。そして次のように訴えます。

「それゆえ、子どもないし幼い人間は、地上に現れると同時に、すなわち出生後ただちに、彼の本性に従って理解もされ、また正しい取り扱いも受け、彼の力を自由にかつ全面的に用いることが出来るような状態に置かれるべきであるし、また当然そうでなければならない。」

このように当時の社会や大人を意識して強い調子で訴えています。幼い子どもは人間として正しい取り扱いを受け、彼の力を自由に全面的に用いることが出来るような状態に置かれるべきであると迫るのです。

そして子どもの使命について次のように言っています。

「ところで、親の子としての子どもの使命が、両親のつまり父と母の、父性的なものと、母性的なものの、精神的なものと情意的なものの本質 ── そ

の素質や強さについては、両親自身にも知られず、予感もされないままに、両親の内に潜んでいるような ─ を一致調和させて展開し、形成することにあるのと同様に、神および自然の子としての人間の使命は、神と自然の本質を、自然的なものと神的なものを、地上的なものと天上的なものを、有限なものと無限なものを一致調和させて表現することにある。」

　ここで彼は子どもの使命が、父性的なものと母性的なものを一致調和させて展開するのと同様に、自然的なものと神的なものを、地上的なものと天上的なものを、そして有限なものと無限なものとを一致調和させて表現することであると言っています。

　この二つのものの一致調和について言及しながら彼は、子どもの最初の表示について「子どもの、ないし人間の生命の最初の表示は、平安と不安、快楽と苦痛、微笑することと泣くことである」と言います。このように、一見相反する子どもの姿が人間としての幼児の最初の表示であることを、フレーベルは見抜いています。その上で幼児期にとって大切なことを彼は次のように説明しています。

　「平安や快感や微笑は、幼児期に、子どもの感情の中で、子どもの本質ないし人間の本質を純粋完全に発達させるのにふさわしい事柄、したがって子どもの生命ないし人間の生命に適合する事柄のすべてを示している。」

　このように、子どもを分析し、平安、快感、微笑等の心地よい感覚は、幼児期の子どもの生命に適合する事柄のすべてを示していると言います。

　しかも、子どもの教育、保育について、育ちの内容の一致調和を重視している彼は、「彼の力や身体のある一部分だけが、他の部分を犠牲にして特に助成されたり、また特にその部分の発達が阻止されたりしてはならない」と部分的な発達をさせてはならないと戒めています。

③子育ての方法

　さて、ここでフレーベルの子どもを育てる際の方法についてみてみましょう。

　「それゆえ、教育、教授、および教訓は、根源的に、またその第一の根本

特徴において、どうしても受動的、追随的たんに防禦的、保護的であるべきで、決して命令的、規定的、干渉的であってはならない。」

このように先ず厳（おごそ）かに子どもへの関わりを明示しています。これはフレーベルの教育、保育方法の基本的な考えです。受動的、追随的であることを強調し、そして命令的、規定的、干渉的であってはならないことを、特に戒めています。

しかし、ここで知っておきたいことがあります。それは、フレーベルは、子どもも大人も人間として向上するためには、努力や勤勉が必要だと言っていることです。引用しましょう。

「また、以前から存在し、最も完全なものとして承認されている模範的なものや、最も完成したものとして承認されている模範的な生命も、それが模範となりうるのは、全くその本質、その努力のみに基づくのであって、決してその形式によるのではない。」

ここで理解したいことは、最も完成した模範的な生命は努力があったからこそであるということです。

違った言い方で「勤勉や勤労を通してこそ、そのような働きや行為を通してこそ、われわれははじめて、真に神に似るものとなるのである」と言います。フレーベルの子育て、教育思想の中に、努力、勤勉が主張されていることを知っておきたいものです。

④遊戯について

前にも触れましたが、改めてフレーベルの保育思想で重要な位置を占めている「遊戯」についてみてみましょう。

先ず、かなり哲学的に深い内容の言葉を紹介しましょう。

「遊戯することないし遊戯は、幼児の発達つまりこの時期の人間の発達の最高の段階である。というのは、遊戯とは、すでにその言葉自身も示していることだが、内なるものの自由な表現、すなわち内なるものの必要と要求に基づくところの、内なるものの表現に他ならないからである。」

フレーベルは、遊びは人間としての幼児の発達の最高の段階だと言いま

す。遊びに含まれ、また遊びに表現される内容は、子どもの時期の最高の発達の現れだと言うのです。そして、遊びは単なる楽しみの行為ではなく、子どもの内なるものの自由な表現だと説明しています。そして遊びのもたらす素晴らしさを、「それゆえ遊戯は、喜びや自由や満足や自己の内外の平安や世界との和合をうみ出すのである」と表しています。

　また、遊ぶ子どもには、子どものよき未来が待っている、と次のように言うのです。

「人間のことに本当によく精通している人の、落ちついた、透徹した眼には、この時期の子どもが自由に選んだ遊戯のなかに、その子どもの未来の内面的な生活が、ありありと浮かぶ。」

　このように、遊戯の中に未来の内面的な生活が浮かぶと説いているのです。同様に次のように言います。

「この年代のもろもろの遊戯は、未来の全生活の子葉である。というのは、それらの中にこそ、人間の全体が、最も微細な素質や内面的な性向のままに、展開されてくるし、現れてくるからである。この世からふたたび去るまでの人間の未来の全生活は、人生のこの時期に、その源泉を持っている。」

　ここでも遊びが死ぬまでの人間の未来の生活の源泉であると、遊びを称賛するのです。

　このように遊びの価値を高く深く評価する彼は、「この時期の遊戯は前に述べたようにたんなる遊びごとではない。それは、きわめて真剣なものであり、深い意味を持つものである。母親よ、子どもの遊戯をはぐくみ、育てなさい。父親よ、それを庇い、護りなさい」と言って父親、母親に対して遊びをはぐくみ、護りなさいと呼びかけるのです。

　さらに彼は次のように言います。

「この遊戯こそ、子どもが、内面的な根拠が何もないのに身体を動かしたり、特に表情を変えたりする、たとえば眼をむいたり、口を曲げたりする習慣を身に付けたりしないように、したがって、きわめて幼いころから、表情と感情との間に、身体と精神との間に、すなわち外的なものと内的な

ものの間に、分裂や分離が忍び込んだりしないように、注意したり、保護を加えたりするために、子どもの表現として、最初に与えられるものです。」
　ここで彼は、子どもが、目をむいたりする習慣をつけないように、また、子どもの心の中に分裂や分離が忍び込まないようにするために、よい成長のために与えられる最初の表現が、「遊戯」であると言います。フレーベルの遊びに対する評価を学ぶ時、いかに現在の子どもの遊びが軽視されているかが深く理解出来ると思います。

⑤子どもの衝動

　次に簡単に、フレーベルが主張する衝動についてみることにしましょう。ペスタロッチーは、「直感」という言葉を使って子どもの認識や行動を表現しますが、フレーベルは「衝動」という言葉で子どもの、自分と外部との関わりや認識の仕方を表現します。
　フレーベルは次のように衝動について述べています。
　「天国は、また子どもたちのものでもある。なぜなら、大人の知ったかぶりや無思慮が、子どもたちをかき乱しさえしなければ、彼らは、彼らの中に働いている形成衝動や活動衝動に、子どもらしく頼りきって進んでそれに身を委ねるものなのであるから。」
　ここでいう天国とは、無理のない、自分らしく生活することが出来る素晴らしい世界であると解釈することができます。子どもは大人の知ったかぶり等が不自然に子どもをかき乱さなければ、生まれながら彼らの中にあり、そして働いている「形成衝動」や「活動衝動」に身を委ねることによって、天国のような世界にいることが出来ると言うのです。
　そこで、この衝動について簡単に説明しましょう。フレーベルは次のように表しています。
　「子どもは、ものの内的本質を認識したがっている。これは、ひとつの衝動であるが、子どもが自分で自分に与えたというようなものではない。この衝動は、もしそれが正しく認識され、正しく導かれるならば、神を、そのすべての作品において、認識しようとするようになるものであるが、こ

れが、子どもを駆り立てて、ものの本質の認識へ向かわせるのである。」
　ここで彼は、子どもはものの内的本質を認識したがっていると先ず言います。そしてこの衝動は、神をそのすべての作品において認識しようとするようになると言い、これが子どもをものの内的本質の認識に向かわせると説明します。
　フレーベルが説く「衝動」は神から、子どもの内面に生まれながら与えられている、人間としての、内的認識力であると、私は表現したいと思います。この本では触れませんでしたが、フレーベルが説く「予感」という概念もこの「衝動」の概念に通じることを添えて補足しておきましょう。

　以上、保育思想家の子ども、子育て、そしてその方法についてみてきました。私たちは今21世紀という時代の日本社会に生きています。その同じ時代の社会の中で子どもたちも生きています。さまざまな課題が現実にはありますが、そうした課題の中で子どもたちも大人と生きています。しかし私たち大人は、社会の課題の中で、子どもたちがどのように育っているのかを、見極めなければなりません。そして大人や親が子どもをどのように育てているのかをも見つめなおし、正しい子どもへの関わり方を学ばなければなりません。保育思想家たちは、18〜19世紀半ばという社会的な課題が多くある中で、子どもたちを凝視し、子どもたちの育ちを深く考えて世の中に訴えました。
　私たちは現在のわが国、社会が、果たして子どもたちにとって、生きやすい、楽しい、「生まれてきてよかった」と思えるようになっているかを真剣に考えなければなりません。そのことが子どもたちから問われているのだと強く思わないではいられません。

4章　子どもにとって自然とは何か

　なぜ「子どもにとって自然とは何か」を考えるのか。このことについて最初に書きましょう。
　最近の子どもは自然の中で遊ぶことが少なくなってきました。このことは多くの調査でわかってきています。朝日や夕日を見ることが少なくなってきたり、星空を見ることが少なくなってきました。また、トンボを採ったり、ザリガニをつかまえたりすることも少なくなってきました。
　これは何を意味するのでしょうか。これは、子どもたちが、体全体を使って自然の中で遊ぶことを通して、自分たちを生かしてくれる自然を感じ、学ぶことが出来なくなってきたことを意味するのです。本来子どもは自分の五感を使って体全体で自然に触れることで、自分の中にある自然を感じ、周囲の自然と出来るだけ一つになって、自分も自然の一部であることを感じることが出来たのです。
　もう一ついうと、子どもは自然のいのちに触れて、自然のいのちを体全体に吸収することが出来るのです。そしてそうすることで自然を大切することを学ぶのです。限られた自然の資源を大切にすることを身につけることが出来るのです。
　このことを私たち大人と自然との関わりで考えてみましょう。みなさんは、山や海や湖に行ってじっと座っていると、気持ちが何となく落ち着きませんか？　また花を見たり動物を見たり触ってみた時に、なぜかホッとしませんか、もちろん人によってその感覚は違うと思います。
　しかし、私たちは普段あまり接していない自然に触れると、気持ちが落ち着くことを感じます。これはなぜでしょうか。自然と人間との関係をも研究した哲学者である西川富雄は、「それは、遠い遠い過去、人間が自然の胎内に育まれていたときの、いわば原体験の想起であるとも言えるかも知れません」と言っています。そして西川は、人間は、自然の中で和らぐ感

覚を味わいながら存在の故郷を見出し得る、自然と一つになる知的直観を持っている、とも言うのです。(西川富雄『環境哲学への招待：生きている自然を哲学する』こぶし書房 2002)
　ギリシア時代から今日まで、多くの哲学者や思想家は自然について考えてきました。それは人間を考えるにあたって、人間を取り巻き、人間に恩恵を与えてくれている自然について考えざるを得ないからです。そして、宇宙や地球、また、その中で生きている動物や草木、そして人間も自然の一部であるからです。
　他の生物、そして無生物も地球のすべては関係し合って生きているのです。地球のすべてのものが関係し合って地球の誕生以来 40 億年もかけて、生きのびるあり方をつくってきたのです。人間も他の自然との関係を保ちながら生きてきたのです。それゆえ西川は、「目に見えるものも、見えないものも、大きいものも小さいものも、もちつもたれつの関係で、それぞれのライフ・ヒストリー（生活史、寿命）を生きているのです。その巨大なまとまりが宇宙生命態なのです。本源の自然は、そういう姿とをって可視化しているのです」と言うのです。
　しかし、文明が進み、都市に住むことが多くなった現在、私たちは自然に接することが少なくなってきました。人間の故郷であり、関わり合って生きてきたその大本と関わりが削がれてきた私たちは、そもそもの自然との関わりで生きてきたことが出来なくなってきたのです。これは、人間の本来のあり方からずれていることを表しているのです。開発 ─ 進歩 ─ 繁栄神話 ─ が自然を壊してきたともいえるのです。自然から遠ざかった私たちは、今、自然との関係を問い直す時にすでに来ています。
　子どもたちは、文明の影響を大人と比べてさほど大きく受けていません。そうした時期の子どもたちに、存在の原点として、自然から存在の基本となるエキス、いうならば自然のいのちの息吹を体に染み込ませたいのです。
　このような意識に基づいてこの章を書きます。

■1節　自然と子ども ― 子どもを取り囲む自然の現実 ―

（1）自然の考え方

　人間が自然の中で、いや、自然と共に生き合ってきた長い歴史を考える時、自然とは一体何なのかを先ず考えてみたくなります。私は、朝散歩する時に、木の下に入って幹に両手で触れ、緑の葉の下で、上を見上げて「人間は自然に取り囲まれて生かされているな」と感じ、自然に感謝してから1日を始めます。実際、日の光を受け、葉っぱがつくる空気を吸い、土が育てる食べ物をいただき、雨がもたらす水を飲んで人は生きられるのです。

　私はギリシア時代の思想家や中世キリスト教、17世紀、18世紀、また今日の思想家の自然についての本を読んで、自分なりに自然について考えました。そして、実に多くの宗教家、思想家が人間と自然の関係について深く考えていることに改めて気がつきました。ここでは、思想家から学んだ自然観に私なりの考え方を交えて書きます。ギリシア時代、中世カトリック、仏教、儒教、神道、キリスト教等の宗教自体の自然観は省いて書きます。

　さて、17世紀のフランスのデカルトは、自然は数学によってはかられるとし、自然という物体界を一様な幾何学的延長に還元しました。つまり、自然は大きさ、形、運動のみをもつ集合体であり、因果的、数学的に分析することによって、すべての森羅万象は説明出来ると考えました。こうした自然は、自律して変化、生成するとは考えられてはいませんでした。「物体に潜む生命原理」を一切排除するので、その意味では「死せる自然」といわれます。難しい言葉だと「機械論的自然」といいます。つまり、自然は各要素の組み合わせによって機械的に組み合わされていて、その組み合わせによってただ存在しているという考え方です。冷たい、単なる物体としての自然です。

　一方、18世紀になると、自然は自分の中に生成、変化する力を持っている、自立した森羅万象の世界であると考えられるようになりました。

　つまり、世界に存在するすべてのものは自分で変化し、生成する生きた

自己形成的なものとして、捉えられるようになりました。その意味では「生きた自然」といえます。自然を総合的なシステムと考え、環境との密接な有機的な相互作用のもとで、自律的に自己を保存し、適当な条件のもとでは、新たな自己を形成し、自己発展するという自然観です。この自然観を「有機的自然観」と呼びます。この意味では、人間や生物、石等の無機物、宇宙も地球も、すべては有機的に関係を持ちながら生きて、存在し続け、発展する自然なのです。ここから考えられることは、人間も自然の一部であるということです。

　ところで、わが国では、「自然」は江戸時代までは「自然（じねん）」と呼ばれていました。これは、自然の成り行きから生じる「自然の自ずからなる状態」という、形容詞的、副詞的に用いられる言葉でした。したがって当時は対象としての自然一般を指す意味ではありませんでした。「自然」という言葉が「じねん」ではなく、「しぜん」といわれるようになったのは、江戸時代後期になってからでした。

　現在では一般的には自然は、未だに死せる、人間に利用される物質であるとみなされているように思えます。しかし、先にもいったように、私たちは林や森や原っぱの中を歩いたり、海や川を見たり、その中に入った時に、言葉ではいい表せない安堵感を感じます。それは自然がその内に持っている周囲と調和しながら関係し合って自ら生き、育ち、周囲を生かす本来の生命に、私たちが触れるからではないでしょうか。自然が、人間がこの地上に生まれ、長い間自然との密接な関係の中で人間の内に育んでくれた、眠っている私たちの自然性を呼び覚ましてくれるからではないでしょうか。私たちの遺伝子の奥底に眠っている、人間としての魂を揺り起こしてくれるからではないでしょうか。

　先の西川は次のように言っています。

　「『自然』の世界は、私たち人間が、みずからの外に対象化する世界ではない。山川草木に象徴される対象的自然事物の総体に尽きるものではない。私たち人間自身が、その中に生まれ、死に行く、私たち自身が、いわばそ

こに存在の『故郷』を見出し得るような世界なのである。それは私たち人間を包み込んで、『生きられる世界』でもある。そうだとすれば、『自然』の問いは、『生きられる世界』への問いでもあり、これら二つの問いは別々ではない。」

「『生きられる世界』としての自然の中に、われわれ人間の存在の『在所』を見るとすれば、自然を問い直そうとする哲学は、実は人間自身の在りようへの問いなのである。」

このように私たちに語りかけています。私も同じように考えます。自然を問うことは、自分を問うことなのです。

（2）子どもを取り囲む自然の現実と重要性

今引用した言葉に着目するならば、自然は子どもにとっても故郷としての世界です。そのことを意識しながら、子どもにとっての現在の自然の現実と重要性について考えてみましょう。

子どもは大人と違って、まだ自分の中にある自然性を失ってはいませんし、大人ほど汚されてはいません。汚されないまま、自分の中に眠っている自然性を無理なく自然と触れ合うことによって、呼び起こすことが今問われています。そして、子どもを取り囲む自然を問うことは、子どもが人間としての「故郷」を思い起こすことが出来るかどうかの大切な問題なのです。

このことを考える時、その当の自然は今どうなっているかを直視せざるを得ません。先にもいったように、今の子どもたちが自然と直接触れ合うことはそう簡単ではありません。自分の周囲に触れることが出来る自然はかなり少なくなってきているからです。またあっても、自然と触れる時間もなく、許されることも出来なくなっています。自然の中で遊んだり、自然に触れることより、多くのやらなければならないことが目の前にあるからです。また大人がつくった遊具やゲーム機等、器械的な遊具が子どもを取り囲んでいることも、子どもを自然から遠ざける要因となっています。

再度いいますが、人間も子どもも自然の中で、自然と共に生きてきたの

4章1節　自然と子ども ―子どもを取り囲む自然の現実―

に、その自然から遠ざかることは、人間自然から離れ去っていくことを意味します。自然としての人間性が失われていくことを意味するのです。また、都市に人間が集中し、人間同士の考えや、競争的な価値観に囲まれて交流し合うことをやめて、疲れ果てているのが現在の大人ではないでしょうか。その中で神経を病み、鬱に悩み、不安の虜になっているのが現代人ではないでしょうか。哲学者の中沢新一は、自然を離れた現代人には人間性を回復するために、「キアスム＝交差」する場が必要であることを強調しています。

私たち大人は、自分のためにも、そしてこれから生きていく子どものためにも、自然を大切にし、子どもが自然の中で自然と共に戯（たわむ）れ、自然のいのちをいっぱい自分の体の中に吸い込む体験を保障しなければならないと強く思います。

したがって、私たちは現在の子どもを取り囲む自然を直視し、自然を回復し、保護し、自然を育てなければなりません。

（3）子どもの自然体験の現実

以下の図4-1は、わが国における子どもの自然体験の経年変化（平成10年と21年の比較）です。これを見て、平成10年と21年の子どもの自然体験を比較すると、ほとんどの項目で自然体験をしたことがない子どもが増加していることがわかります。

この調査だけではなく、他の調査でも幼児を含めて子どもたちの自然体

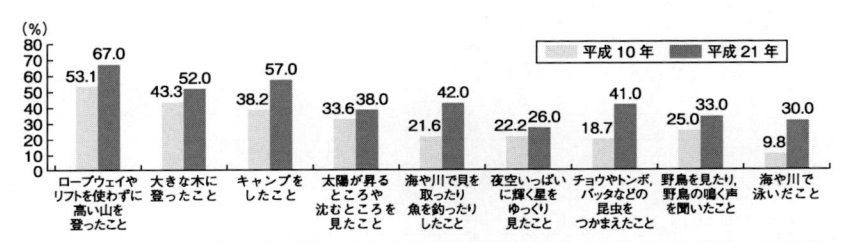

（出典）独立行政法人国立青少年教育振興機構（2010）「青少年の体験活動等と自立に関する実態調査（平成21年度調査）」

図4-1　自然体験をほとんどしたことがない小・中学生の割合

験が減少していることがわかります。このことは、大人より自然に近い存在である子どもが、自然と触れ合って生活が出来ていないことを意味します。つまり、人間自然としての子どもが自然と触れ合って自然に成長することが出来にくいということを意味するのです。子どもは体全体を駆使して、自分の周囲、特に自然との触れ合いを通して、総合的に育っていきます。

次に、幼稚園時代に多くの自然体験をしたことのある小学生と、全国の小学生の自然体験を比較調査した結果を紹介します。幼稚園時代に自然体験を多くしている子どもたちは、小学生になってから、全国の小学生と比較してかなりの差で多く自然体験をしていることがわかります。この調査は信州大学と子どもの森幼児教室が2004年に実施した調査です。

下の表4-1は子どもの森幼児教室の年間自然体験活動の月ごとの内容です。年間を通じて自然体験が組み込まれています。園児は2004年度は年少児（3～4歳児）から年長児(5～6歳児)までの50名です。

表4-2は、先に述べたように、子どもの森幼児教室で自然体験を多くし

表4-1　子どもの森幼児教室の年間保育計画に位置づけられた自然体験活動

月	活動内容
4	園庭探検、初めての散歩
5	畑つくり（肥料を入れ畑を耕す）、種蒔き、野菜苗の植え付け
6	田植え、山菜採り・野外での料理
7	野原での運動会、夏の木の絵、養護学校で生徒と一緒にプール遊び（5歳児）、お泊まり保育（川遊び・飯ごう炊さんなど）
8	夏休み
9	親子登山、秋探しの散歩、キノコ採り、野菜の収穫、じゃがいも掘り
10	稲刈り・脱穀、リンゴ採り、秋の木の絵
11	落ち葉焚き・焼き芋つくり、初冬の野山散策
12	木の実の工作（家族へのクリスマスプレゼント）、冬の木の絵、冬休み
1	雪遊び（ソリ・かまくら・クロスカントリースキー）
2	雪の造作遊び、アイスクリーム作り、冬のお泊まり保育、スキー
3	春休み
上記以外に、年間を通じて、以下のような自然体験活動を実施している。 ・近くの山周辺（約50km）を1年かけて1周歩く（週に1回実施・5歳児）。 ・園庭での自由遊び（ほぼ毎日1.5～2時間程度・園児全員）	

国立オリンピック記念青少年総合センター研究紀要，第5号，2005年

た小学生の自然体験の有無と、全国の小学生の自然体験の有無を比較したものです。子どもの森幼児教室の小学生は他の項目、たとえば、運動・健康面、生活習慣、内面性、勉学面、他人との接し方でも高い数値となっています。

表4-2 自然体験活動の実態

項目 本研究 n=35 , 全国調査 n=21736		1学期中の休み			夏休み		
		本研究	全国調査	χ^2	本研究	全国調査	χ^2
(a) 山登りやハイキング，オリエンテーリングやウォークラリー	した	88.6	20.1	101.5***	77.1	26.1	47.2***
	しなかった	11.4	79.9		22.9	73.9	
(b) 海や川で泳いだり，ボート・カヌー・ヨットなどに乗ること	した	52.9	18.3	27.1***	62.9	58.2	0.3
	しなかった	47.1	81.7		37.1	41.8	
(c) 乗馬や乳しぼりなど動物とふれあうこと	した	25.7	17.4	1.7	28.6	21.8	0.9
	しなかった	74.3	82.6		71.4	78.2	
(d) 野外で食事を作ったり，テントに泊まったりすること	した	47.1	20.0	15.5***	74.3	38.2	19.2***
	しなかった	52.9	80.0		25.7	61.8	
(e) スキーや雪遊びなど雪の中での活動	した	2.9	3.2	0.0	2.9	0.8	2.0
	しなかった	97.1	96.8		97.1	99.2	
(f) 昆虫や水辺の生物を捕まえること	した	62.9	59.3	0.2	71.4	72.8	0.0
	しなかった	37.1	40.7		28.6	27.2	
(g) 植物や岩石を観察したり調べたりすること	した	57.1	30.4	11.8**	54.3	42.2	2.1
	しなかった	42.9	69.6		45.7	57.8	
(h) バードウォッチング	した	34.3	5.6	54.3***	34.3	6.9	40.4***
	しなかった	65.7	94.4		65.7	93.1	
(i) 星や雲の観察	した	37.1	25.9	2.3	62.9	47.7	3.2
	しなかった	62.9	74.1		37.1	52.3	
(j) 山菜採りやキノコ・木の実などの採取	した	65.7	14.5	73.3***	47.1	11.5	42.1***
	しなかった	34.3	85.5		52.9	88.5	
(k) 魚を釣ったり貝を採ったりすること	した	22.9	28.4	0.5	51.4	42.9	1.0
	しなかった	77.1	71.6		48.6	57.1	
(l) 自然の材料を使った工作	した	77.1	15.2	103.3***	61.8	28.9	17.8***
	しなかった	22.9	84.8		38.2	71.1	
(m) 干物・くん製・ジャム作りなどの食品加工	した	34.3	4.9	63.7***	31.4	4.8	53.5***
	しなかった	65.7	95.1		68.6	95.2	
(n) 植林・間伐・下草刈りなどをすること	した	37.1	18.8	7.7**	25.7	21.5	0.4
	しなかった	62.9	81.2		74.3	78.5	
(o) 稲や野菜を植えたり育てたりすること	した	80.0	31.9	37.1***	45.7	30.1	4.1*
	しなかった	20.0	68.1		54.3	69.9	
(p) 米や野菜や果物などを収穫すること	した	57.1	35.1	7.5**	62.9	44.3	4.9*
	しなかった	42.9	64.9		37.1	55.7	
(q) 牧場などで家畜の世話をすること	した	2.9	1.8	0.2	5.7	2.4	1.6
	しなかった	97.1	98.2		94.3	97.6	

*p<0.05 **p<0.01 ***p<0.001

国立オリンピック記念青少年総合センター研究紀要，第5号，2005年

■2節　自然に包まれ、生かされる子ども

(1) 自然環境の中での生活の重要性・私の自然体験から

　自分の幼少期の自然体験を書くことの意味はどこにあるのでしょうか。この本のここまで私は保育思想家の幸せ観、子育て観について書いてきました。それらの内容は他人の、それも時代が異なる、ヨーロッパの人の思想でした。この本は保育思想ですが、ここで私自身の幼少期の自然体験を書くことで、幼児にとって自然体験がどのように大切かを事実を通して感じ取っていただきたいと思います。もちろん私の体験が普遍的な意味を持つということではありません。このことについては疑問があるでしょう。しかし、一人の体験、それもリアルな体験談を通じて読む人に具体的な幼児期の自然体験の重要性を感じ取り、理解をしてもらいたいと思うのです。

　ルソー、ペスタロッチー、フレーベルたちは、共通して幼少期に豊かな自然体験を持っているのです。思想家の彼らが自然体験を持ち、その体験に基づいた保育思想、自然思想を論じていることを知る時、私個人の自然体験も何らかの役に立つと思うのです。

　私は、東京都の南に位置する伊豆七島の一つで、一番北に浮かぶ伊豆大島の岡田村という小さな村で育ちました。家から海までは歩いて1分、畑は何か所かあり、近い畑は徒歩で5分、遠い畑は徒歩で20分かかりました。漁業と農業の半農半漁の村でした。お年寄りから赤ちゃんまで、毎日顔を合わせ、声をかけ合いながら、近所のお兄さんやお姉さんたちときょうだい同様に暮らしていました。

　大島の自然は、図鑑等を調べると鳥も魚もほとんどがわかります。かなりの数の鳥や魚、植物があります。ここでは私自身が触れたことのある自然に限定し、思い出すことが出来る体験を書いてみます。

　その際、幼児期というより、幼少期と表したいと思います。私自身も、小学校の年上の人と自然の中で遊んだり、小学校へ行ってから、年下の幼児と遊んだりした体験があるからです。

4章2節　自然に包まれ、生かされる子ども

①私の自然環境の中での生活と遊び～海の体験～
ⓐエビじゃっこ（ジャコエビ）獲り

エビじゃっこ

私の村では、小さいエビ（4、5センチの小エビ）を「エビじゃっこ」と呼んでいます。潮が引いた後、岩が浮かび上がって4、5メートル幅の天然プールがいくつも出来ました。そのプールの中にこの小さな「エビじゃっこ」が海藻に隠れてじっとしているのです。私たちは自分の手でそっと「エビじゃっこ」を掬おうとするのですが、「エビじゃっこ」も命がけで、私たちを笑うかのように手をくぐり抜けて、スイッと逃げてしまうのです。どこに逃げたか、目を皿のようにして周りを見渡して、見つけるや否や、悟られないように、そこに水を動かさないようにして近づくのです。そしてまた手を「エビじゃっこ」の下に入れて徐々に手を上に移動するのです。息を殺して何度もこの「エビじゃっこ」との戦いを繰り返すのです。小さな私はわれを忘れ、時も場も忘れて、宇宙に「エビじゃっこ」と私しかいないかのように、対峙するのです。これはもはや遊びではありません。小さな子どもの存在の威信をかけた戦いなのです。「エビじゃっこ」も、悔しいかな、私をからかうように、遊んでいるかのように見えますが、とんでもありません。命がけなのです。

このような生き物とのやり取りを通じて、子どもは生き物に対する親近感を持ち始めるのです。あの「エビじゃっこ」は決して憎い存在ではなく、同じ大島の海に住む生き物同士として自然の交流をさせてくれたのです。

ⓑアメフラシ

アメフラシは海に生きる軟体動物です。アメフラシにはいろいろな色と形があります。卵もいろいろな色と形があります。私が見たアメフラシは角のある、長さ20センチ、幅10センチくらいの、黒っぽく、触るとヌルっ

とする気持ちの悪い生き物でした。触ると紫色の煙のような墨を、シューっと吹き出します。何とも小怪獣のようなグロテスクな生き物です。

ある時、私が、岩場の浅い水たまりに近づいた時、その水底に、それはきれいな握りこぶしほどの黄色、オレンジ色、緑色の、ソーメンのような塊を見つけました。この海にこんなにきれいな色の生き物がいるとは知りませんでした。しばらく見とれていた私は、この美しいものが何なのかを知りたくて、その岩場を離れて近くにいたお兄さんに聞きました。私は驚きました。その原色の美しい塊は何と、あの気味の悪いアメフラシの卵の塊だったのです。

小さな私は、その気持ちの悪いアメフラシと美しい卵の塊とがどうしても繋がらなくて、奇妙な気持ちになって、茫然として卵に見入っていました。自然の中には、気持ちの整理がつかない事実があることに驚いたことを思い出します。大学院の時に哲学の先生からギリシア哲学の言葉である「哲学は驚きより始まる」という言葉を聞いた時に、大島での自然について自分が驚いたことがいっぱいあることに気がついたのを思い出します。この驚きの感覚は授業で聞いたりしただけでは味わうことは決して出来ないでしょう。普段見ていた、気持ちの悪いアメフラシの印象が脳に刻み込まれていた私があって、その私がアメフラシのきれいな卵を初めて見たからこそ成立した感覚なのです。

ちなみに、このさまざまな色と形をしたアメフラシやウミウシは「海の宝石」「海の妖精」といわれていることを、かなり後になって知りました。

Ⓒウメボシイソギンチャク

私が見たイソギンチャクは、岩にくっついている、柔らかい、子どもの握りこぶしより少し小さい、赤紫色の生き物です。

アメフラシ

4章2節　自然に包まれ、生かされる子ども

いろいろな形と色のイソギンチャクがいます。日の当たらない岩蔭にくっついて生きている、よく見ると優しい顔をした生き物です。最初見た時は、気持ちの悪い、魚でもないし、何だかわけのわからない、先っぽに小さな口がある生き物でした。でもその口が何ともかわいいのです。口を開けたり閉じたりして息をしているかのように見えました。イソギンチャクは岩にくっついていて、魚のようには泳がないので、子どもの私にも怖くはありませんでした。私は、細い竹の棒をそっとその口に入れようとしました。するとイソギンチャクはキューッと素早く口を閉じ、体もすぼめるのです。私は、驚かしてしまったと感じ、「アッ、ゴメン」と少しだけ思いました。なぜかというと、イソギンチャクがとてもかわいくて、友だちのように感じたからです。その後はそうしたイタズラはしないで、イソギンチャクを見ると「かわいい友だちがいるな」という気持ちでいることにしました。

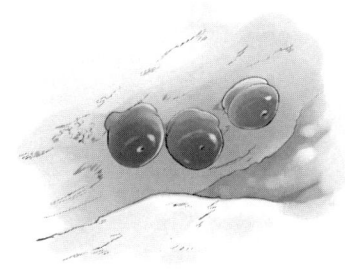

ウメボシイソギンチャク

　このような体験をする中で子どもは、生き物との親しい感覚を抱くようになるのだと思うのです。

　ⓓボラ

　ボラは、私の村では食べないので、陸上ではあまり見ることがありませんでした。50センチほどの、鱗が薄い緑がかったきれいな魚です。ボラは台風が去った後、濁った海の水の中によく出没してきました。ある時、私はこのボラのかっこいい姿に出くわして、驚いてしまいました。幼い私にとってその時のボラは、オリンピック選手のように素晴らしい生き物として映ったのです。水の中から突如1メートルもジャンプするのです。その姿が私の目には、雄々しい勇士のように見えたのです。島の小さい子どもは、魚は食べられるかどうか、またうまい魚かどうか、骨が大きいかどうか、毒があるかないか等で判断するしかありませんでした。食べないボラはい

い魚だとは到底思えませんでした。その価値のないボラがかっこよくジャンプする姿を見た時、私は、魚も生きていてかっこいいなと思ってしまいました。自然の中には、いろいろな魚や生き物がいて、それぞれに、それぞれの魅力があることを発見しました。

　それからは海にいる生き物にはいろいろなものがいるのだと思い、海にいる生き物と会うことが楽しみになりました。もちろん、「ゴンズイ」といって毒のある魚に会って水の中で冷汗をかくこともありましたし、水たまりでウツボが泳いできて、慌てて逃げた怖い体験もしました。

ボラ

②陸上での自然体験
　　ⓐアオダイショウ（蛇）
　私の家の隣に八幡神社という神社があります。その神社の土手の竹やぶで、静かに1秒に2センチくらい、ゆっくりゆっくり動くアオダイショウを見つけました。アオダイショウは私の地域では守り神であり、見つけるとお線香を立てるお婆さんもいました。「何で私が見ているのにさっさと逃げないのかな」と不思議に思って見ていました。

　そのアオダイショウは細い竹の枝が折れたところの先に自分の頭の古い皮をひっかけて、それが離れないようにして、そっと皮を脱いでいたのです。いわゆる脱皮です。自分の大切な生きる儀式です。ゆっくり動かないと皮が外れてしまって脱皮が失敗してしまうのでしょう。私は、その儀式をこわごわと感動して見ていました。アオダイショウは目をしっかり開き、私が見ていることに気がついているように見えました。私は、こんな儀式を私の目の前でしていることに内心驚いていましたが、同時にそれを見てしまって、「ごめんね」という気持ちも何となく湧いてきました。初めて蛇の脱皮を見た私は、生き物が生きるには、こんなことが必要なのかなという

思いが、自分の中に感じられました。

　子どもには、強く怖い生き物と思われる蛇でも、生きるために必要な、きちんと果たさなければならない作業があることを、小学校か中学校に行ってから思い出して、改めて理解したように思います。

　ⓑアブ

　アブは蜂のような虫です。夏に裸でじっとしていると、いつの間にか肌に止まって刺すのです。そんなに毒はないので大して怖くはありませんでした。時々このアブを近所のお兄さんたちは取って、遊ぶのです。アブをつかまえたら、羽を短くちぎるのです。羽をちぎっている様子を見ている私は、なぜかアブがかわいそうに思えました。

　その時、片方の羽を少し長く残して、たらいや洗面器の中で泳がせるのです。そうするとアブも必死になって飛んで逃げようと、もがきながら羽を思い切り震わせるのです。しかし、羽は短くちぎられているので水から飛び出すほどの力はありません。しかも片一方が短いので、羽を震わせると、グルグルと水の上を旋回するのです。これを見ていた、さっきはかわいそうだと思っていた私は、お兄さんたちと一緒になって、おもしろがって手を叩きだしたのです。その心境の変化に、自分でもちょっぴり変だと思いましたが、普段人を刺すこともあるアブが、逃げたくて必死になっている姿がかえっておかしく見えたのです。幼いながらも残酷に見えることに対しても、おもしろおかしく興じた体験を思い出します。

　ⓒコスモスの花

　小さいころ大島で私が接した花は、椿、大島桜、ツツジ、磯百合、アジサイ、オシロイ、カンナ等です。これらは歩いているとよく見かける花でした。しかし私は、コスモスを見たことがありませんでした。

　ある時、自分の家の畑に歩いて向かいました。周囲は竹やぶがあり、木が雑然と立っていて、草も生い茂っていました。そこを歩いていて、道のまわりの、薄暗い林の中に、輝いた色が目に入ってきました。ピンク色の今まで見たこともないそれはきれいな花でした。幼い私は一人で歩いてい

て怖い思いでしたが、この花に魅せられて、足を止めてしまいました。「こんな暗い林に何でこんなにきれいな色の花が咲いているのだろう」と不思議に思いました。その感覚を心の底に置いたまま、その日は他のことがほとんど気にならないまま過ごしました。自分の珍しい、いや神秘的な体験を人に話すことが、何かもったいないような気持ちでした。

　そして翌日母にこのことを話して、その花の名前を聞きました。「コスモスっていうんだよ」と母は教えてくれました。私はなぜか「何で母は知っているのかな」と思いました。今でも暗い林の中にピンク色に咲いていたコスモスを思い出すことがあります。

　　ⓓ椿の花びらのままごと
　大島には椿の木がたくさんあります。私の家の近くにもあります。私たちは椿の花の蜜を吸ってよく遊びました。椿の蜜はとても甘く、みんなで笑いながらよく吸ったものです。蜜を吸った後の口は花粉で黄色くなり、お互いの顔を見て笑い合ったものです。もう一つ私たちは、椿の赤い花びらをくぼんだ石の穴に入れ、それを小さい石でコツコツと叩き、細かくしたところに少しの水を入れて、赤い汁をこしらえました。ままごとに使う汁をつくってお客さんに出すのです。大島は温かいので早春からヨモギが出るのでそれを石で叩いてきれいな緑色の汁をつくったりもしました。

　また、砂のご飯の上にちぎった椿の赤い花びらを載せてご飯をきれいに仕上げて、お客さんに出すのです。私たちのままごとは、美しいごちそうに色添えがされました。

　その他にも、椿の実の中の固まった黄色い油を釘の頭の部分でほじって出して、中が空になったら穴を空けて、その穴に息を吹いてピーッと笛を吹くのです。これは幼児ではかなり難しくて、お兄さんに手伝ってつくってもらいました。

　　ⓔ草の葉の露のきれいさに見とれる体験
　私の家のまわりは、竹、草、花、鳥でいっぱいでした。近所の原っぱでお兄さんたちが草野球をしている時に、私たち小さい子どもは、それをじっ

と見ていました。ある時、私は草に座って、野球を見ていました。その時、ちょっと横を見たら、草の上に露が乗っていて、コロコロ揺れながら、太陽の光にキラッ、キラッと輝いているのです。その時私は思わず「きれいっ！」と心の中で叫んでしまいました。草が揺れ、その草の上で踊りながら輝いている露が何ともきれいで、つい叫んでしまったのです。いつも自然に触れ、草は飽きるほど見ていましたが、その時は、自分がやることもなく、優しく揺れる草の露が私に声をかけているかのように何となく思えた時でした。

　幼い子どもにも、時として深く優しく自然を見ることが出来るのだと思います。それは普段から自然と仲間のように触れ合うことがあって初めて可能になるのでしょう。

　　ｆ夕焼け
　私の家の２階からは朝焼けと夕焼けが見えます。私は夕焼けが大好きでした。水平線のかなたにゆっくり沈む夕陽は、吸い込まれるような感じの美しさでした。その日によって太陽のまわりの雲が違い、その違いの中で沈む夕陽と夕焼けは、それはきれいでした。私はクリーム色の空の中に沈む夕陽とクリーム色の空が少しずつ赤く変化していく夕焼けが好きでした。特に母と海岸で一緒に並んで座って眺める夕焼けは、心躍る、うれしい、最高のひと時でした。二人で何かを話すこともなく、静かに母と一緒に味わって見る夕陽にお礼を言いたいような気分の夕焼けだったことを思い出します。

（２）自然の中で育った子どもの自然に対する認識力、識別力

　ここまで私の自然体験を書いてきました。私たち島で生まれ育った者は、生活に関係しない魚や自然についての名前は正しくは知りませんでした。むしろ都内から観光で来る子どもの方が自然について正しい名称を知っているように思いました。私たちは自然にあるものが食べられるか、そうでないか、また、生活に使えるものかどうかについては詳しく知っていました。しかし、島の子どもは図鑑によらないでも、身近にあるその他の動植物の

生態についてもいろいろなことを知っていたように思います。

　文化人類学者のクロード・レヴィ＝ストロースはその著『野生の思考』（みすず書房 1976）で、ある人が書いた「インディアンは動植物の中で有用なもの、もしくは有害なものにしか名を付けない。それ以外は十把一からげにして鳥、雑草、などと呼ばれる」という内容の文章を引用して、いわゆる未開人に対する偏見を指摘しています。私も、島や地方の自然の中で育った子どもたちは、自然と接して、自然についていろいろなことを知っていると自負しています。

　たとえば、クロード・レヴィ＝ストロースは先に紹介した本で、琉球列島のある地域の住民について書かれている次の記述を引用してそのことを言い当てています。

　「子どもでさえ、木材の小片を見ただけでそれが何の木かを言うことがよくあるし、さらには、彼ら現地人の考える植物の性別でその木が雄になるか雌になるかまで言い当てる。その識別は、木質部や皮の外観、匂い、堅さ、その他同種の様々な他の特徴の観察によって行われるものである。」

　このように、文明に侵されていない子どもの、自然の中のものに対する認識力、識別力の高さを称賛しています。子どもも自然の中で生活することで、自然の中にあるものの性質を、かなり深く正確に知ることが出来ることがわかります。

　文明化された生活をしている私たちの生活上の知識が、果たして自分のものになっているかどうかを考えざるを得ません。ペスタロッチーは、「人を幸せにする知識の範囲は狭い」と言って、生きる上で必要な知識は多くを必要としないと語っています。私たちは、生きる上で自分が何を知る必要があるかを考え直さなければならないのではないでしょうか。

（３）ピグミー系狩猟採集民の子どもの自然の中での遊び

　中部アフリカ熱帯雨林域に暮らし、狩猟採集を主な生業とする諸民族の総称をピグミーと呼んでいます。そのうちの一つの集団であるバカという一集団の子どもの遊びを紹介します。バカの子どもの遊びを知ることで、

4章2節　自然に包まれ、生かされる子ども

わが国の社会、子どものこれからのあり方を探る助けとしたいと思うからです。狩猟採集民とは、食物や物質文化の素材を自然の生態系から直接獲得する生活を営む人々です。今日の世界ではマイノリティーになっていますが、狩猟採集生活は、人類の歴史の約700万年のうちの大部分を占める最も主要な生活様式でした。

ここでは文化人類学者の亀井伸孝氏の『森の小さな＜ハンター＞たち：狩猟採集民の子どもの民族誌』（京都大学学術出版会 2010）という、博士論文としてまとめ上げた著書から学ぶことにします。著者は、子どもの立場に立って観察をしてまとめたこの種の本は、わが国では最初のものであると言っています。

ここでは、年少前期の子どもを5歳からとして観察した内容を紹介します。バカの子どもたちの遊びは85種類にのぼるようです。バカ社会の伝統に彩られた遊びがやはり多いです。しかし、大人の文化の中に特にモデルとなる活動が見当たらない、独自に創作された遊びも含まれているようです。また、子どもたちはおもちゃの素材となる植物等を自ら森や畑で手に入れ、それらを刃物等で加工して遊んでいます。そのほとんどは、大人たちによる素材の利用法とは異なる、子どもたち自身の利用法です。さらに、

レカ（果実の射的）は未熟なパパイヤの実を転がして射る遊び。
二つのチームに分かれて行うが、競争的なゲームにはならない。
亀井伸孝『森の小さな＜ハンター＞たち：狩猟採集民の子どもの民族誌』京都大学学術出版会, 2010, p.77

遊び場や遊びのルールにも子どもたちならではの独創が見られ、大人の文化的要素を部分的に利用しつつ、自分たちの遊びを自由に構成するという文化創造の様子を見ることが出来ます。

　たとえば生活のための「生業活動に関わる遊び」では、「狩猟に関わる遊び」として、「わな」を仕掛ける遊びがあります。この遊びは大人の真似であり、実際に獲物を捕獲することを目論んではいません。また、やり猟の遊びではチームを組んで簡素なやりを持って森を探索します。この遊びでは森をうろうろとさまよう遊びのようです。ここでも実際に獲物を獲ることが目的ではありません。また、パパイヤの実を転がして、それをやりで射る遊びもあります。

　「採集に関わる遊び」では、シロアリ捕りや芋ほりがあります。この芋ほりは生業のために役立つので、単純に遊びとはいえません。「漁労に関わる遊び」では釣りがあります。川で釣りをしたり、ミミズを"釣る"こともあります。こうした場合のほとんどは、家族のために食糧を確保することが目的とはなっていません。獲るという行為自体が目的なのです。

　他に「衣食住・家事・道具に関わる遊び」「食生活に関わる遊び」「歌・踊り・音に関わる遊び」もあります。しかし、このような遊びは大人の仕事としての狩猟、採集に接している子どもが、模擬的に大人の仕事を真似している遊びであると考えることが出来ます。その多くは目的を逸脱しており、実際の成果には繋がらないものです。子どもたちは、模倣を楽しむだけではなく、動物を探したり、狙い撃ったり、森の中を移動したりすることを楽しむというふうに、模倣の域を超えた子どもならではの楽しみ方をみることが出来ます。大人はそうした遊びに対しては一切干渉をしないで放任しています。

　大人の放任からもいえますが、こうした遊びは大人の文化の伝承とは無関係のものなのです。ここからわかることは、遊びは単純に大人になるための訓練や教育ではないということです。しかしながら、大人の「生業活動」を遊びとして取り入れることを通して、生業への架橋として考えることは

出来ます。ここから著者は仮説として、子どもは、生まれながらにして以下の能力を持っているとしています。
　１．集団に参加したいと欲し、その一員となる能力。
　２．活動に内在する遊戯性を認識し、再現する能力。
　３．男女の性別対立を認識し、再現する能力。
　この三つの能力が備わっていれば、子どもは自発的に「生業活動」に加わり、そのおもしろさを楽しむようになり、それらの活動を担う成員となる、としています。子ども時代に遊ぶ生活を楽しみながら、子どもは生きていくことのできる大人になるのです。
　バカの子どもは、学校文化の中で、言葉を通していろいろなことを学ぶ子どもとは異なって、「大人の生き方を目の前で見て」「大人の生業を遊び化して体験して」、その体験を生きていく力に繋げていくのです。
　ここで私たちが考えるべきことは、大人の生活の仕方が先ず挙げられます。バカの人たちの生活は身のまわりの自然の中で、自然と共にあるということを考えたいです。子どもも自然の中で、大人の生き方を子どもなりに遊び化して、自分の中に内在化しているということをも考えたいです。彼らは自分たちが生きるための力を、自然の中で、自然と関わって生きている大人の生業に接しながら身につけているのです。

（４）アメリカ・インディアンの子どもの自然の中での遊び

　ここでは、アメリカ・インディアン文化研究家のエベリン・ウォルフソンの著書である『アメリカ・インディアンに学ぶ子育ての原点』（アスペクト社 2003）からアメリカ・インディアンの自然の中での遊びを紹介しましょう。
　アメリカ・インディアンの大人は、成人男性と女性で仕事が異なっていました。男性は魚をつかまえたり、狩りをしたり、遠征をしたりして時間を過ごします。一方女性たちは、家事や畑仕事を受け持ちます。アメリカ・インディアンの子どもたちは、今紹介したように男女別々に大人の仕事を楽しみながら真似をして学びました。子どもたちは村の中を自由に動き回

ります。興味があれば、どんな冒険も実験も出来ました。指導も手助けも、本当に必要な時以外は与えられません。遊ぶことと学ぶこととは切っても切り離せない関係にありました。

　男の子たちは父親と一緒に出かけることはありませんが、その前に魚をつかまえたり、狩りをするための腕を磨くことを求められます。男の子は「ごっこ遊び」として「バッファロー狩り」をして遊んだりします。そのような時、男の子は野営地を離れて自然の中に入ります。そして大人のハンターたちがするように、自分たちも口で馬のいななきの真似をして、実際には見えないバッファローの肉を持って凱旋する真似をして遊ぶのです。また暴れ馬のふりをして藪の中に突っ込んだり、川の流れに走り込んだりして遊びます。女の子はといえば、そういう時に怖がったりする真似をして遊びに加わりました。また男の子は時には、迷い込んだバッファローの子や小さなリス等を女の子のために実際に追い込んでつかまえたりすることもありました。

　また子どもたちは、両親が与えてくれる子ども用のナイフで草や木を切ったり削ったりして、自然物を加工しておもちゃをつくって遊びました。男の子はやり、弓、矢をつくり、女の子は人形や籠をつくったりしました。

　狩りの真似をする遊びでは、紐を使って石を投げて、目標物に当てる遊びをしたり、狩猟のための棒を投げて遊んだりもしました。この狩猟のための遊びでは、ヒマワリの茎や太い海藻の茎を使って豆鉄砲をつくって遊びました。

　このようにアメリカ・インディアンの子どもから、大人の生活の真似を自然の中で楽しんで遊んでいる様子がうかがわれます。大人は先にもいったように、子どもの遊びに対しては、技術を学ぶために教育として積極的にさせているわけではありません。

　このことは3章で紹介したアボリジニの子育てと共通することです。アボリジニもアメリカ・インディアンも教育をそう強く意識はしていないように見受けられます。このことはピグミーのバカの子どもの遊びの分析か

らも共通することがいえると思います。

■3節　自然から学ぶいのちと死

（1）子どもにとっての死

　子どももいつかは必ず死ぬ時を迎えます。病気で亡くなる子ども、交通事故、災害で亡くなる子どもがいます。また無残にも親子心中で亡くなる子ども、殺人事件に巻き込まれて死ぬ子ども、そして虐待を受けて死ぬ子どもがいます。さらにいえば、わが国ではほとんどないのですが、外国では戦争や、紛争、テロで亡くなる子どもがいます。また、わが国にもやや例外的にいえますが、餓死する子どももいます。

　大人にもいえることですが、人間は誰しもいつどのようにして死ぬかはわかりません。しかも死は100％誰にでも確実にやってくるのです。ただ誰もが、まさか自分が今日死ぬとは思いたくないだけなのです。しかし死は避けられないので、私たちは死について、生きることについて、自分なりの考え方を持っていたほうがよいと思うのです。死ぬ時に「幸せだったよ。ありがとう」と言って死にたいものです。「死にたくない！　いやだ！」と死ぬ間際に叫んだり泣いたりすることが出来るだけないように、心がけたいと思います。

　ところで、一般的には、幼い子どもにとって身近な死は、自分のおじいさん、おばあさん、または友だち、もしかしたらお父さんかお母さん、きょうだいの死かもしれません。近所の知っている人の死かもしれません。さらにいえば、幼い子どもにとって死は人間の死だけではなく、飼っている犬や猫、鳥かもしれません。保育園や幼稚園で飼育していた動物かもしれません。

　このように、幼い子どもたちは何らかの死を生活の中で体験するのです。先にいったように、死は必ずどの生物にも訪れます。

（2）自然からいのちと死を学ぶ

　幼いころから自然に接することでいのちが生きること、死ぬことを感じ、学ぶことはとても大切だと思います。特にたびたびいうように、今の子どもたちは自然と接することが少ないので、私たち大人が意識的にこのことを考え、取り上げることが問われています。

　自然界ではいのちと死は繰り返し、その姿を私たちに見せてくれます。私たちはいのちが生きる姿、死ぬ姿を自然から学び取ります。身近には、草や木のいのちの芽が吹き出ることを目にします。そして、虫や鳥の死骸を見ることがあります。また、花がきれいに咲き、実を結んで種をつくり、枯れていく姿を見ることもあります。

　自然は地球が水に覆われて海だけだった時から、そして山や川、湖が出来て、いろいろな動物が地球に現れた後、いのちと死を繰り返しながらその姿を私たちに見せてきました。その自然が今も残っていて、体験を通して、いのちと死の様相を、幼い子どもの体の中に注ぎ込み、体の中の一部としてくれるのです。しかし先にいったように、現在では、いのちと死を体験する機会がかなり減っているのです。このことはいろいろな調査からわかっていることです。これではいのちと死の体験をすることは困難です。

　したがって、私たちは幼い子どもたちが、生まれること、生きること、死ぬことを早くから自然の中で学ぶことが、かなり重要なことだと深く認識しなければなりません。再度いいますと、私たち生物は、いのちとして生まれ、死ぬことが運命的に定まっている存在です。これは私たちの根本的な事実なのです。この厳粛なことをみんなで認め合って、一緒にこの時代に生きるお互いでありたいと思います。

　特に現在は科学が進み、死さえ克服出来るかのような錯覚を呈しています。そして死は避けるべき話題、暗い、重い話題であるとして、日常生活の中では語ることがあまりありません。これでは子どもたちはいのちと死を学ぶことが出来にくいのです。かつて密林の聖者としてアフリカに生涯を捧げたドイツのA.シュヴァイツァーは、「われは、生きんとする生命に

とりかこまれた、生きんとする生命である」と表現しました（『わが生活と思想より』白水社 2011）。この言葉は「生命への畏敬」の内容を表す言葉として世界に広がりました。私たち一人ひとりは「生きようとしている存在」です。お互いに生きたいと思っていることを理解し合い、助け合って生きることが出来るようになりたいものです。

（3）自然から学ぶいのちと死についての私の体験

ここでは、再度私の幼少期の体験を紹介することで、幼い子どもが自然体験を通してどのようにいのちと死を感じ学ぶかを考えていただきたいと思います。

①雀の墓

先ず私の次男との体験を紹介したいと思います。次男が3歳の時でした。1羽の雀が庭先で死んでいました。息子に「どうする？」と聞いたら「お墓をつくる」と答えました。早速穴を掘って雀を穴に入れて砂をかけようとしました。その時です。「ダメ！　砂をかけてはだめ！」と私を叱るのです。「葉っぱを雀さんの上にかけてからでないとかわいそう」と言うのです。私は面食らいました。3歳のわが子が死んだ雀に対して、かわいそうという感情を持つということを、その時学びました。

②小魚の死について

海が荒れたりした時、また大きな魚に追われた時、何千匹という小魚の大群が大浜という浜辺に漂着して来た時、われを忘れて見入ったことを昨日のように覚えています。死んで動かないで波間にただ浮いている魚もいたし、浜辺に打ち上げられて、死んで動かなくなった魚もいました。また、打ち上げられながらもピクピクとして、何とかして助かって逃げようとしている魚を見て、複雑な思いを抱いたことを思い出します。その時、小さい魚が死んだ事実、死んでいく現実、生きたいともがいている姿を子どもなりに心で感じて、ただただじっと見ていました。

このような自然のいのちの現実の姿から、子どもはいつの間にか、自然のいのちの姿を直観的に感じ取るのではないでしょうか。生きているもの

は、自然の中で生きるために戦っていること、そして生きたいけれども、どうしようもなく死んでいくことを自然の中から感じ取るのです。

③マガニ獲り体験（ショウジンガニ）

マガニとは私の村の呼び方で、10センチくらいの大きさの赤いカニのことです。潮が引いた岩場の海藻の中に隠れています。じっとしていて、餌を待ち構えている姿や、餌を探し求めて静かに動いている様子を、水の上から息を殺して見入っていました。マガニは小さい子どもにとっては、手で取るのは少々怖くて、またはさみで挟まれると痛いので、見つけたその時、子ども用の小さいモリ（ヤス）で刺すのです。マガニは刺されてもすぐに死ぬのではなく、もがきながら死んでいくのです。刺し方がひどい時には、カニの甲羅が切れ切れになったり、また、中の身や内臓が出てしまうこともありました。一種むごい死に方です。しかし、子どもでも刺し方がうまくいったときには、「やった！」と声を上げて喜ぶのです。残酷なようですが、これは生きていくための欠かせない遊びなのです。それは、生きて食べるための行為、いや人間としての子どもにとって本能的な遊びとして収獲するための行為であるといってもよいかもしれません。遊びの学説に「労働準備説」があります。今紹介した遊びはこの説に相当するのかな、と納得してしまいます。

このマガニは味噌汁に入れてもよいし、から揚げにして食べてもおいしいです。また焼いて食べてもおいしいのです。そうした、食べられるものを獲ると親にもほめられるので、殺す意識よりほめられることを考えて必死に殺して獲ることを学ぶのです。幼いころから、獲物を殺して食用のために獲る技術を体験的に身につけるのです。自然とは仲のよい関係にありますが、人間が生きるために殺す対象でもある

マガニ

ことを早くから学ぶのです。

　私はこのような体験をした子どもの方が、自然に感謝していただく心が育つのだと思います。現在では、食べ物はもとの姿を残さないで、見映えのよいきれいな形に切って売っているので、子どもたちは、単に食べておいしいかどうかだけを意識するのではないでしょうか。生きている生物を自分で殺して獲る体験は必要ではないでしょうか。真にいのちのある生き物が生きていること、死んでいくことを実際に生き物を獲ることで実感し、いのちと死を学ぶのではないでしょうか。

④セミの脱皮

　ある朝、まだうす暗い朝、すぐ脇の神社にクワガタを獲ろうと思って歩いていきました。その時に一本の木の根元から少しずつ、ゆっくりと何かが動いて木に登っている姿が見えました。そっと近寄ってみると、それはセミの幼虫でした。私は木に登っていくセミの幼虫は見たことがなくて内心驚きました。その登っていく姿にも驚いたのですが、もっと驚いたのは、その幼虫の色がきれいな緑色をしていることでした。静寂な朝に、柔らかそうできれいな緑色のセミの幼虫が、木にゆっくり登っていくのです。幼虫がセミになることは、兄たちに聞いて何となく知っていました。しかし、その現実を目の前にした時、私は子ども心にも神秘的なものを感じました。まだうす暗い静かな神社の境内で、これからミーンミーンと鳴くセミになることを思った瞬間、姿が変わって違う形の生き物になることを思った瞬間、神秘的な感覚に打たれたのです。

　生物のいのちが生まれ、生きていくために、姿を変えるために木に登る感動的な現実を目の前にした時、子ども心にも、生き物が生きていく姿をそれなりに感じたのだと思うのです。先の蛇の脱皮にも同じようなことがいえると思います。生きるために真剣に脱皮をする姿に、子ども心に、いのちが生きる姿を感

セミの脱皮

じ取ったのだと思うのです。

■4節　保育思想家の自然、いのち、死についての考え

（1）ルソー
　ルソーの保育思想においては「自然」は重要な位置を占めています。しかし、ルソーの「自然観」は体系的に論じられていないので理解することはそう簡単ではありません。3章ではルソーの三つに分類した自然の考え方について述べました。ここでは保育に関わる内容に限定して紹介しましょう。

①三つに分けた自然観
　ルソーの自然観はいろいろな人が分類していますが、私は先ず一点目に、「人間の生まれながらの自然」、つまり「人間の本性」を意味するという内容を挙げたいと思います。その内容を表す文章を引用しましょう。これは、ルソーの唯一、自然の定義といえる文章です。
　「わたしたちは感官を持って生まれている。そして生まれたときから、周囲にあるものによって、いろんなふうに刺激される。自分の感覚をいわば意識するようになると、感覚を生み出すものをもとめたり、さけたりするようになる。はじめは、それが快い感覚であるか不快な感覚であるかによって、つぎにはそれがわたしたちに適当であるか、不適当であるかをみとめることによって、最後には理性があたえる幸福あるいは完全性の観念にもとづいてくだす判断によって、それをもとめたり、さけたりする。この傾向は、感覚がいっそう鋭敏になり、いっそう分別がついてくると、その範囲がひろがり、固定してくる。しかし、それはわたしたちの習性にさまたげられ、わたしたちの臆見によって多かれ少なかれ変質する。この変化が起こる前の傾向が、私たちの自然とわたしが呼ぶものだ。」
　この文章の内容から推測するルソーの自然とは、人間に生来備わっている感覚であることが先ずわかります。そして、後天的な習慣によって変化

4章4節　保育思想家の自然、いのち、死についての考え

されない前の性向であると考えられます。もう一点考えられることは、「私たちの自然」という表現から理解出来るように、それは人間全体の本性を意味するのだと思います。

　このことは3章で引用した次の文章からもいえます。

　「教育は生命とともにはじまるのだから、生まれたとき、子どもはすでに弟子なのだ。教師の弟子ではない。自然の弟子だ。教師はただ、自然という首席の先生のもとで研究し、この先生の仕事がじゃまされないようにするだけだ。」

　すなわち、生まれた後教師たちによって教えられる前に子どもは自然の弟子であって、人の手によって変化させられないで、生まれ持っている本性に従って育つことが重要だと解釈出来る内容です。そういう意味から、ルソーのいう自然は、生まれながらの本性であるといえます。

　二点目は、人間の外にある草や木等の「自然」です。この自然については、ルソーはさほど述べてはいません。しかし、エミールが育っていく道筋に背景として描かれています。たとえば、「自然を観察するがいい。そして自然が示してくれる道を行くがいい。自然は絶えず子どもに試練を与える。あらゆる試練によって子どもの体質を鍛える」と言っています。

　ルソーは、子どもを取り巻く自然は子どもにさまざまな試練を与え、子どもの体質を鍛える、と言います。また「空気は子どもの体質に影響をおよぼす。（略）わたしは農村の女を都会に連れてきて、家にとじこめ、そこで子どもを養育させることには反対だ。乳母が都市の悪い空気を吸うより子どもが田舎に行ってよい空気を吸う方がよい」と言って、田舎の汚されていない木や草がもたらすよい空気を子どもに吸わせることを勧めています。彼は折に触れて田舎に行って暮らすことを強調しています。

　ところで、ルソーは見知らぬ人の身の上相談に応じていることを知っておきましょう。その相談の手紙の返事には、大都会への嫌悪、社会生活への嫌悪、そして田園生活への愛が多く書かれています。

　ルソーの相談への回答の一例を紹介しましょう。

「パリ生活と美徳の実践とが、まるで、水と油のようにチグハグのものだと分かったあなたに、良いことをお教えしましょう。あなたの故郷に帰るのです。家族のふところに飛び込んで、気高い心をお持ちの、ご両親を助け、面倒を見て差しあげなさい。徳に適った、本当の奉仕をすることができます。質素な暮らしでも、故郷でなら、楽しく耐えることができます。パリに住んで、惨めな暮らしをして金銭を追い回しても、うまく成り上がるどころか、ペテン師に身を落とすのがオチ、ということは、先刻、あなたがご存じでしょう。」

　鳥や木や草、川、山、動物と一緒に、自然に囲まれて質素に暮らすことを彼は勧めているのです。このように回答するルソーは、田園や森林を自然と呼んでいます。緑や花々、木々、川、鳥等に接したルソーは、自分を取り囲む自然の美しさ、甘美さに酔いしれて、自然環境が人間にとっていかに素晴らしいものであるかを言葉にしています。ルソーは、このように自分の感性の上で重要視した自然を言いたかったのだと推測します。このような体験は『告白』等に微細に表されています。ある川沿いの道のそばでのことを次のように美しく筆にしています。

「今でも思い出すのは、市外の、とある路上で、爽快な一夜を明かしたときのことである。（略）片側は台地状に高まった段々畑が、道に沿って続いている。日中はひどく暑かったので、それだけ夕方は気持ちがいい。しおれた草も露にぬれている。風はなく、静かなたそがれ。空気はひんやりしているがつめたくはない。太陽はもう落ちて、空に赤い夕ばえを残していた。それが水にうつって、水面をばら色にしている。段々になった台地の木々に、夜鳴きうぐいすがたくさんいて、つぎからつぎへと鳴きかわしている。私は一種の恍惚のうちにさまよい、そんなすべてのものの快さに身も心も任せながら、ただわずかにもれる吐息は、それをひとりで楽しむことのなごりおしさであった。ここちよい夢想にひたったわたしは、疲労も気づかずに、夜がふけるまでさまよい歩いた。」

　このように人間の外的自然を甘美的に表現する彼の背景に、いうまでも

ないのですが、宇宙、自然、すべてが神によってつくられているという考えと、神によってつくられた自然は人間にとってかけがえのないものである、という思想があることを知っておきたいです。神の存在についてのルソーの考え方は、後で紹介します。

　自然の概念の三点目として、社会状態の対立概念としての「目指すべき理想の社会としての自然」を挙げたいと思います。

　ルソーは人間社会が不平等になった歴史的な解釈を『人間不平等起源論』（岩波書店 1972）で論じています。その際の彼は、自然状態、社会状態を対立的に書いています。そして、人間社会が不平等になる前の社会に実現していた、その社会を自然状態として表し、その中で生きる人間を「自然人」としています。しかし、ルソーは人間が不平等の社会を克服して、社会的な問題を超えた状態を理想として描き、その社会の中で生きる人間をも「自然人」として考えていることがうかがえます。たとえば「自然の状態のうちに生きている自然人と、社会状態のうちに生きている自然人とのあいだには大きなちがいがある。エミールは人の住まないところに追いやられる未開人ではなく、都市に住むようにつくられた未開人だ。彼はそこで必要なものを見つけ、都市の住人たちから利益をひきだし、かれらと同じようにではないにしても、かれらとともに暮らさなければならない」とあります。

　ルソーは「自然人」とは、何も原始的な未開人のみをいっているのではありません。『エミール』では都市に住む未開人を「自然人」として考えているのです。

　もう一か所引用して、このことを考えたいと思います。

　「まず考えていただきたい。自然の人間をつくりたいといっても、その人間を未開人にして、森の奥深いところに追いやろうというのではない。社会の渦のなかに巻き込まれていても、情念によっても人々の意見によってもひきずりまわされることがなければ、それでいい。自分の目でものを見、自分の心でものを感じればいい。自分の理性の権威のほかにはどんな権威にも支配されなければいいのだ。」

ここでルソーは「自然人」について、人間を森の深いところに追いやろうと考えているのではないということがわかります。社会の渦に巻き込まれても、社会に引き回されなければいい。自分の目で見、自分の心でものを感じればいい、と言うのです。そして自分の理性の権威に従って生きればいいと言うのです。ここにはルソーが言う、社会状態を克服した「自然人」が説かれています。
　この場合には、根本的には、貴族社会、階級社会が克服され、平等な社会が実現され、その中で生きる「自然人」として考えることが必要です。そうした理想的な社会が実現するために、ルソーは『エミール』の中で革命的なことを次のように予言しています。
　「あなたがたは社会の現存の秩序に信頼して、それがさけがたい革命におびやかされていることを考えない。」
　「富める者は貧しい者になり、君主は臣下になる。そういう運命の打撃はまれにしか起こらないから、あなたがたはそういうことはまぬがれられると考えているのだろうか。わたしたちは危機の状態と革命の時代に近づきつつある。」
　いうまでもなくルソーの死の11年後にフランス革命が起こり、139年後には社会主義革命が起こりました。

②ルソーの死生観
　　ⓐ生きることについて
　私はルソーの次の言葉に接したとき、保育の原点がここにあると感じました。紹介しましょう。
　「あなたがたにとってはふたたび帰ってこない時代、子どもたちにとっても二度とない時代、すぐに終わってしまうあの最初の時代を、なぜ、にがく苦しいことでいっぱいにしようとするのか。父親たちよ、死があなた方の子どもを待ちかまえている時を、あなたがたは知っているのか。自然がかれらにあたえている短い時をうばいさって、あとでくやむようなことをしてはならない。子どもが生きる喜びを感じることができるようになった

ら、できるだけ人生を楽しませるがいい。いつ神に呼ばれても、人生を味わうこともなく死んでいくことにならないようにするがいい。」

　ここに書かれている言葉は当時の貴族に対するものです。しかし、それだけではなく現在の私たちに対する言葉でもあります。子ども時代は短く、戻ってはきません。それなのに、子どもにとって苦しい、つまらない勉強をなぜ強制するのかと、彼は叱責するのです。ここにはルソーの人生観があります。人間はいつ死ぬかは誰にもわかりません。ですから「生きる喜び」を感じることが出来るようになったら、人生を楽しませるがいいと、彼は言うのです。私も同感です。生きることは生きている間に、人生を味わうことです。いつ死ぬかはわからないので、歌や踊り、絵を描くこと、花の色の美しさと香り、空の美しさ、人の温かさ、人間愛の素晴らしさ等、自分が触れられる出来る限りのことを味わうことが人生では大切だと思います。

　人生を味わうことの大切さを説いたルソーは、生きることそれ自体についても説いているので、そのことについて簡単に紹介しましょう。

　「生きること、それは呼吸することではない。活動することだ。わたしたちの器官、感官、能力を、わたしたちに存在感をあたえる体のあらゆる部分を用いることだ。もっとも長生きした人とは、もっとも多くの歳月を生きた人ではなく、もっともよく人生を体験した人だ。」

　この言葉は先の父親に向けて言った言葉に通じます。自分のすべてを使って活動し、世界を味わい、自分が生きていることを実感し、存在感を感じ、人生をよく体験することが生きることだとルソーは言っているのです。

　そしてルソーは、すべての存在するものは、神によって成り立っていることを表しています。生きることと関連するので引用しましょう。

　「宇宙を動かし、万物に秩序を与えている存在者、この存在者をわたしは神と呼ぶ。」

　「それが存在すること、それ自身によって存在することをわたしはひじょうにはっきりと知っている。わたしの存在はその存在者に従属しているこ

と、そして、わたしが知っているすべてのものも完全に同じ従属状態にあることを、わたしは知っているのだ。」

ルソーは人間も自然も宇宙も神によって動かされ、自分は神に従属していると考えています。このように考えるルソーは、人間は生きているうちに、神によってつくられた世界をよく体験することが大切だと言うのです。そして、人間は、自然な、神の存在を冒瀆(ぼうとく)するような考え方をしてはならないと強く戒めます。先に引用したように、神にいつ、いのちを呼ばれるかはわからないので、ルソーにならって人生を味わうことを子どもに体験させるようにしたいものです。

　ⓑ死ぬことについて

そこで死についてのルソーの一般的な考えを簡単に紹介しましょう。ルソーは次のように言っています。

「人間は生まれながらに国王でも、貴族でも宮廷人でも、財産家でもあるわけではない。みんなまる裸の貧しい人間として生まれてくる。みんな人生のみじめさ、悲しみ、不幸、欠乏、あらゆる種類の苦しみにさらされている。さらに、みんな死ぬように運命づけられている。これがほんとうに人間にあたえられたことだ。どんな人間にもまぬがれられないことだ。」

20世紀最大の哲学者とも言われているドイツのM.ハイデッガーは主著『存在と時間』(理想社 1963)で「人間は死への存在である」と表しています。ルソーも言うように、死は誰にも避けられない厳粛な事実です。

この誰にも避けられない死とは何なのでしょうか。ルソーは次のように言います。

「自然がわたしたちにいろいろな必要を感じさせるのは、わたしたちの身をまもるためではないか。体の痛みは体の調子がくるっているしるし、そのくるいを直せという警告ではないか。(略)いつまでも生きていたいと思っているような者がどこにいるだろう。死はあなたがたが自分でつくりだしている病気を治す薬なのだ。」

ここでルソーは、「死」は人間がつくり出している病気を治す薬だと言っ

ています。人間には多くの病気が襲ってきます。ルソーがここで言う病気に対する私見ですが、その中には犯罪、盗難、差別、殺人、貧困、戦争、不平等がありますが、そうした人間が生み出した、社会的な病気を死という厳粛な事実によって反省させ、治す薬だと言うのです。

　もう一か所引用しましょう。

　「自然はあなたがたがいつまでも耐え忍んでいることを欲しなかったのだ。原始的で単純な生活をしている人間は、苦しみに悩まされることがどんなに少ないことだろう。そういう人間はほとんど病気をすることもなく、情念も感じないで生きているし、死を予感することもなく、感じることもない。それを感じるときには、かれのみじめな状態が死をありがたいものにしている。だからかれにとって死は不幸ではなくなっている。あるがままで満足していれば、わたしたちは自分の運命を嘆くことはあるまい。」

　含蓄のある表現です。自然にしたがって原始的な生活をしている人間は、苦しみも少なく、死を予感することもなく、感じることもないと言うのです。仮にそうした人が死を感じる時は、彼自身がみじめな状態にある時であり、そうした時は彼の死が、彼にとってはありがたく思えると言うのです。したがってそうした状態の死はその人にとっては不幸ではないとも言います。人間は、自分の人生のあるがままで満足して生きていれば、死が来ても自分の運命を嘆くことはあるまいと語るのです。次の言葉をみても、このことは頷けます。

　「自然のままの人間はいつも苦しみに耐え、安らかに死んでいく。処方を与える医者、教訓を与える哲学者、説教をする僧侶、そういう者が人間の心を卑屈にし、死を諦めることができない人間にするのだ。」

　このように、死についての彼の考えを表すのです。自然のままの人間は苦しみに耐え、死を諦めて安らかに死んでいくと説くのです。

　ⓒ死と魂について

　さて、そこで死についてさらに追及するために、ルソー自身が考えた「死と魂」との関連をみることにしましょう。理性を駆使して人間の生と死を

考え抜いたルソーは、魂をどのように考え、死と死後のことをどう考えていたのでしょうか。とても興味深い問題です。
　先ずルソーの言葉に聞き入りましょう。
　「魂は非物質的なものであるなら、それは肉体が滅びた後にも生き残ることになる。」
　「魂の非物質性ということについては、この世における悪人の勝利と正しい人の迫害ということのほかにわたしは証拠を持たないとしたところで、それだけでもわたしは疑いを持つ気にはなれないだろう。」
　私も同じように考えてきました。この世で悪人が勝ち、正しい人が迫害されることには、どうしても納得がいかないのです。それではこの世はあまりにも悲惨であるし、一種の地獄です。宇宙も地球も、世界もそれではあまりにもむごい現実を野放しにするだけになってしまいます。このことはルソーにとっても納得がいかないことだったと思うのです。ですから彼は、魂の非物質性を主張するのだと私は思うのです。この世のむごい現実だけが人間の「生」だとルソーは考えないのです。
　それ故ルソーは、「私たちにとっては、すべては現世とともに終わるのではない、死によってすべては再び秩序を回復するのだ」とはっきり主張します。現世の非人間的なことが、そのままで許されることではなく、死によってすべてが再び正しい秩序として回復すると考えるのです。
　もう少しルソーの言葉をみましょう。
　「肉体と魂の結合が破れるとき、肉体は分解し、魂は保存されるとわたしは考える。肉体の破壊が魂の破壊をもたらすようなことがどうしてありえよう。そんなことはない、この二つのものはまったくちがった性質のもので、その結合によって耐えがたい状態にあったのだ。だから、その結合が破れると、二つともその自然の状態に帰る。」
　死ぬことによって人間は、魂と肉体との結合が破れてそれぞれ自然の状態に帰ると、ルソーは考えます。ギリシアの哲学者であるプラトンは「哲学は死の練習である」と説きました。死んだら霊はかの世に戻るのだとい

うのがプラトンの考えです。ルソーの考えに通じる考えだと思います。
　それ故彼は言います。
　「ああ、悲しいことに、わたしは自分の不徳によって十二分に感じている、人間は生きているあいだは、半分しか生きていないこと、そして魂の生活は肉体の死をまってはじまることを。」
　ルソーは、魂の生活がどのようなものか、魂は不滅なのか、こういうことについては、限られた悟性は限界のないものを考えることは出来ないし、推論を行うことも出来ないと正直に語っています。しかし、彼は、「わたしは、魂は肉体のあとに生き残ることによって秩序が維持されるものと信じている」と言っています。そして、「どんなふうに肉体がつかいはたされていき、その部分の分解によって破壊されていくかを理解している」と説明しています。
　一方彼は、「ところがわたしには、考える存在についてはそれと同じような破壊作用を理解することはできない」と吐露しています。そして、そういう存在、つまり人間について「そういう存在がどんなふうに死んでいくか思いつかないわたしは、それは死なないのだと推測する」と、呻きにも近い表現で語るのです。なんと彼は、考える存在としての人間については「死なないのだ」と推測すると厳かに言うのです。
　自分個人について徹底して考える彼は、自分の死はないと言うのです。したがって彼は言います。「この推測はわたしをなぐさめてくれるし、そこにはなにも不条理なことはないのだから、どうしてわたしはそれを信じることを恐れよう」と、心の内を静かに打ち明けるのです。
　以上、ルソーの死についての考えをみてきました。

(2) ペスタロッチー

　ペスタロッチーの自然観は多様です。
　ここでは『隠者の夕暮』にみられる彼の自然観を紹介することにしましょう。他に『人類の発展における自然の歩みについてのわたしの探求』という著書に彼の自然観が表されています。しかし、この本はかなり体系的で

あり、総合的な関係を紹介しないと理解が困難であるので、ここでは案内しません。しかしながらペスタロッチーの自然観の基本は『隠者の夕暮』に書かれている内容を理解することでよいと思います。

　先ず知っておいてほしいことは、ドイツのE．シュプランガーという教育学者も言っていることです。それは、『隠者の夕暮』の思想は、循環構造にあるということです。つまり神の親心の下に人間の子心があります。そして親としての神―神の子としての君主＝民の親としての親心―民の子心、という循環構造です。もっともペスタロッチーは、君主が親心を持たない場合には、その存在自体をきつく弾劾します。このことを最初に理解して、さっそくペスタロッチーの自然観をみることにしましょう。

　①学校と家庭と自然との関係
　「生活の立脚点よ、人間の個人的使命よ、汝は自然の書で、汝のうちには自然というこの賢明な指導者の力と秩序とが横たわっている。して人間陶冶のこの基礎の上に築かれていない学校陶冶はすべて指導を誤ることになる。」

　このようにペスタロッチーは注意を促しています。ここでは、人間の中に自然という賢明な指導者の力と秩序があると言っています。ルソーの「自然は最良の教師である」という言葉に通じます。

　そしてペスタロッチーは、２章で引用したように、人間は家庭の幸せを味わうために職務に励むし、我慢も出来ると言っていることを思い出しましょう。また、そう考える彼の「従って父の家よ、汝は人類のすべての純粋な自然的陶冶の基礎だ」、「人類の家庭的関係は最初のかつまた最も優れた自然の関係だ」という重要な言葉を再確認しましょう。ここにペスタロッチーが自然と家庭の関係をかなり根本的に重視していることがわかります。

　そして彼は今言った自然な関係に関連して、「人間よ、もし汝が自然のこの秩序のうちに真理を探究したら、汝はその真理が必要に応じて汝の立場に対しても、汝の行路に対しても役立つことをみつけるだろう」と言って

います。

②自然と真理、神、信仰との関係

先ず自然と真理との関係について、その次に自然と神、信仰との関係について紹介しましょう。

自然と真理について、ペスタロッチーは自然が真理に導くと次のように言っています。

「高貴なる自然の道よ、汝が導きゆく目標である真理は、力であり、行いであり、陶冶の源泉であり、人類の全本質の充実であり、整調である。」

ペスタロッチーは、自然が真理に導くという表現をとっていますが、これは自然が神によってつくられたものであり、その神の作品が真理に繋がっていることを意味していると解釈できます。そういう意味で「真理即自然」という解釈が生まれるのです。

そしてペスタロッチーによると、自然である真理について「私のすくいでもあれば、また私を本性の完成へと向上させもする真理よ、いかなる方法によって、いかなる道において、私は汝を見つけるだろうか」と言って、真理を見つける道がどこにあるかという問いを発しています。そして、その問いに対して「私の本性の奥底にこの真理への解明がある」と回答しています。人間の本性の奥底に真理につながる道があると説くのです。

また彼はおもしろく、かつ重要なことを言っています。それは自然と人間の力と練習、使用との関係です。

「自然は人類の力をすべて練習によって繰り広げる。そしてそれらの力は使用することによって成長する。」

「あらゆる小さな素質を真面目につつましやかに用いること、ないしは自己の力を強めようとする熱望は、すべての力を陶冶し強化する自然の道であり、しかもその自然の道はいかに身分が低くても、いかに力が弱くても、神に対する人類の純粋な子心の方向だ。」

以上のように、人間の素質や力を練習によって成長させ、強化することは自然の道であると彼は言うのです。

次に、彼の根本思想である自然と神と信仰について紹介しましょう。

「神に対する信仰よ、汝は陶冶された智慧の結果や結論ではない。汝は単純性の純粋な感じであり、神 ─ 父はまします ─ という自然の呼び声に耳傾ける無邪気な耳だ。」

このように、神への信仰は、「父はまします」という自然の呼び声に傾ける耳であると言っているのです。また彼は「神への信仰に至る自然の陶冶」という言い方もしています。つまり信仰は自然の陶冶であると、言うのです。ペスタロッチーによると、人間の心の奥底に、神への信仰の芽が潜在しているという考えが読み取れます。

③死生観について

次にペスタロッチーの死生観ついてみましょう。

ペスタロッチーは、死について取り上げて直接詳細に論じてはいません。彼はキリスト教徒であるので、彼の妻であるアンナが亡くなった時に、演説をし、その中で、天国について語り、死が人間すべての終わりではないことを語っています。代表作である『隠者の夕暮』では、キリスト教徒としての彼の死生観が人間としての本質との関わりで書かれています。そのことに焦点を絞ってみていきましょう。再度いいますと、彼はキリスト教の死生観が基本であることを踏まえた上で理解していただきたいと思います。

「到るところで人類はこの必要（筆者注：人間の本質をなすもの。向上させるもの）を感じている。到るところで彼らは困苦と労作と熱望とをもって向上しようと力（つと）めている。それにもかかわらず人類の幾世代は満足せずに凋落（ちょうらく）してしまうので、多くの人類は彼らの生涯は終わっても彼らを満足はさせなかったということを、その臨終の床でおお声で叫ぶ。彼らの臨終は完成した秋の木の実が成熟して使命を果した後に、冬の憩いのために地に落ちるような趣はない。」

ここには、ペスタロッチーが、あくまで人間は死を迎える前に、向上して自分の本質を完成させることに努めるべきだという教育的な考えが滲（にじ）み

出ています。彼は、人間は、自然に導かれて成長し、内的な安らぎを得て、家庭的な安らぎを得て、単純、無邪気な感覚を持って幸福に暮らすことを強く説きます。その彼は、人間は、死を迎える前に、何とかして内的な本質を向上させることを、必死に考えるのです。ここに彼の教育の目的があるのです。彼は人間の死を、どこまでも教育との関連で追求するのです。

　これと同じような内容を、今紹介した『人類の発展における自然の歩みについてのわたしの探求』の最後に記しています。人類の歩みを総合的に解き明かして論じた後、彼は言います。

　「幾千の人びとは自然の作品として、感覚的享楽の堕落のうちに滅んでゆき、それ以上のことを欲しない。幾万の人びとは、彼らの針や、彼らの槌(つち)や、彼らの物差しや、彼らの王冠の重荷に屈して、それ以上のことを欲しない（筆者注：社会的な立場、仕事だけを考えているという意味）。しかしわたしは、それ以上のことを欲したひとりの人間を知っている。彼のうちには無邪気の喜びがあり、ほとんどの死すべき者が知らない人間への信頼があった。彼の心は友情のためにつくられ、愛が彼の本性、誠実が彼の心の奥底の傾向であった。だが彼は世界の作品ではなかった。彼は世界のどの片隅にもふさわしくなかった。（略）それでも彼は、打ち砕かれながら、なお彼自身にもまして人類を信じ、自らひとつの目的を立て、この目的のために血の苦しみを受けながら、死すべきもののほとんどが学びえぬ事を学んだ。（略）かれは墜ちた。ちょうど果実が、まだ若いとき北風に傷つき、害虫がその内部を食い荒らすときに、未熟のまま木から墜ちるように。

　旅人よ、墜ちた果実のために一滴の涙をそそげ。それは墜ちてもなお、その頭をそれが夏の盛りをその枝の上で病みぬいた木の幹によせて、耳をすませば聞こえるほどに囁いたのだ。『わたしは死んでもなお木の根を強めよう。』と。旅人よ、地上に墜ちて朽ちゆく果実を労れ。そして彼の滅びの最後の腐肉に、せめてそれが夏の盛りをその枝の上で病みぬいた木の根を強めさせよ。」

　ここで言う「ひとりの人間」とは、ペスタロッチー自身のことです。彼

は自分を果実にたとえ、墜ちた果実として「死んでも木の根を強めよう」と人類のことを心配するのです。

④『隠者の夕暮』にみる死生観

次に『隠者の夕暮』の死についての言葉をみましょう。そこで理解しておいてほしいことがあります。それは、ペスタロッチーは、人間や死、いのち等については、彼自身のあり方として考えたいことを、彼自身の価値観のもとで、自分を分析する内観的な手法を取って語っているということです。

実際の言葉をみましょう。

「神がもし人間の父であるなら、人間の臨終の日は人間の本質の完成の日ではない。」

ここでは「人間の臨終の日」には人間の本質は完成していないと言っています。もし完成していると信じる人に対しては「汝の心の奥底の感覚に反しはしないか」と彼は言います。この言葉は彼自身の自分を分析した内的感覚から出ているのです。

そしてこの言葉と関連して次のように非難します。

「人間よ、汝の内的感覚は汝にとって真理と汝の義務との確実な導きの星だ。しかもこの感覚が汝に対してひどく力強く不死を呼びかけるのに、汝はそれに疑惑を懐くのか。」

彼自身の感覚によって彼は、人間の内的感覚が人間に不死を呼びかけるのに、それに疑惑を懐く人を、批判するのです。つまり、死ぬ時には人間の本質は完成しないので、不死を、つまり生きることを続けて本質の完成に近づくことを主張するのです。したがって彼は「人間よ、汝自身を信ぜよ。汝の本質の内的感覚を信ぜよ。そうすれば汝は神と不死とを信じるだろう」と断じるのです。人間の本質の内的感覚は、本質を高めたいと強く念じているので、高めてくれる神と、高める時間の猶予を与えてくれる不死を信じると言うのです。

どこまでも人間の本質の完成を目指すことを念じるペスタロッチーに

とって、死はどうしても考えたくないものです。そこで本質の完成をあきらめられないで、不死を信じると言い切るのです。次の「神は人類の父であり、神の子たちは不死である」という言葉は、彼の人間の本質の完成に対する熱望が言わせているのです。そして「私の本質の中で力強く真理と智慧と淨福と信仰と不死とを教える神（略）私は私の本質の奥底において私と私の本性とに真であり、また真ならざるを得ない教えに耳傾けてはならないか。私は私が何であるか、私は何を行うかを信じてはならないか」と切なる思いを表しています。ペスタロッチーは彼自身の本質の中で不死を教える神、また本性に真である教えに耳を傾けてはならないかと言うことによって、自らの内的感覚に従うことを呻きにも近い言い方で表しています。

だが、現実には多くの人間は、彼の考えと違っていると指摘します。

「多くの人々にとっては人間性の内的感覚は夢の戯れであって、この内的感覚の上に築かれた神と不死とに対する信仰は、彼らの芸術の嘲笑の題目になっている。」

このように言って、一般の人たちにとっては、人間の本質の完成等ということは、関心のない笑いごとであると嘆くのです。

以上のように、ペスタロッチーの死生観は、生きているうちに自分の本質を完成することに主眼を置いたものであることが理解できます。

（3）オーエン

オーエンは自然について書いていません。また、生きることには言及していますが、死についてはほとんど論じていません。彼は先にも述べたように、現実の生活を何とか改善することに心を砕いたので、生きることは生活が出来ること、そして死については、死なないための、健康や労働、衣食住の生活の条件等の整備に重点をあてて考えていたと理解した方がよいと思います。

もっとも彼は晩年心霊主義に関心を持ち、その方面の自分なりの活動をしたので、死についてそれまでとは異なった考えを持ったのかもしれませ

ん。この点については『オウエン自叙伝』に記されていますが、オーエン研究者の五島茂は、心霊主義の叙述は非常にゆがんだ内容であると批判しています。

　ここでは『オウエン自叙伝』から、彼自身の死の体験にまつわること、次に心霊主義的な内容をみることにします。保育、教育に直接関わらないと思うかもしれませんが、1章で紹介したシュタイナーのように霊的な考えから保育、教育を説いて実践した人がいるということを知る時、オーエンの心霊主義について知っておくことも欠かせないことだと思います。

　先ずオーエンが小学生、年齢にして5歳くらいの時のことを紹介します。学校から帰って、冷めていると思ったフラムマリ（筆者注 ── オートミールのようなもの）を食べたところ、ただれそうな熱さであったので、胃がやけどして気が遠くなりました。長くそのままでいたので、両親は、オーエンのいのちがないものだと思ったようです。

　オーエンはこの体験を次のように回顧しています。「過去をふりかえって私の生活を多くの他の人たちと比べる時、何らか自分に都合のいい特異性があるのは、小さい時分の煮えくりかえるフラムマリの一さじで死にかかった時生じた諸結果によるものだと思っている」と自己分析をしています。

　もう一つの事例です。彼が6、7歳のころ馬に乗って橋を通りかかった時、車とぶつかってしまったのです。気を失った彼はどうして助かったのかはわからないと言っています。彼は自分が助かったことに自身不思議に思っていたようです。

　このように自分の死について述べてはいますが、死についての理論的な論述は見当たりません。それだけ現実に生きている民衆、特に貧困家庭の人たちの幸せを実現したいという熱い思いで心がいっぱいだったのでしょう。

　次に『オウエン自叙伝』の中の第11章の「ケント公殿下」という章に記されている、「心霊主義」に関する叙述をみることにしましょう。このケント公殿下は、オーエンの社会的な考えと運動に共鳴している人でした。オー

エンは「殿下は終始この態度（筆者注：オーエンへの共鳴の態度）をつらぬかれた、心霊の世界に旅立たれる日まで」と言っています。ここから推測出来ることは、オーエンは人間の死後に「心霊の世界」が存在すると信じていたということです。彼は「心霊は彼らによって世界とよばれる空間を占め、彼らが生きている時のように視覚に訴えられぬ場合を除き、彼らの自然の性格において、ここ地上の友だちと霊交しあっている……」と言うのです。死後に死んだ人が地上の人と霊交し合うと言うのです。そしてこの霊的な交わりの目的は「異なった時に問うた時、一様にこれらの進んだ心霊の各々によって語られた、世界を改革し、人々を一家族・ないしひとりの人として結び付けることである」と説明しています。

　この世の強い人たちは、このような「心霊の世界」に強く反対するであろうと、彼は言います。私たちも、簡単には理解出来ませんが、一人の偉大な、民衆のために実践した人の内奥に触れておいても無駄ではないと思います。というより、思想家の考えを、今の時点での自分の考えで勝手に判断することの危険性を自戒することも必要だと思います。ルソー、ペスタロッチー、フレーベルたちが各自の内容や表現は異なるにしても、一様にそれぞれの神の存在を認めていることを考える時、オーエンの心霊主義を、理性的でないという理由で退けることに疑問を抱かざるを得ません。

(4) フレーベル
①自然と神

　フレーベルは、ルソー、ペスタロッチーたちから自然観について学び、彼独自の自然観を表しています。フレーベルの自然観を彼の主著である『人間の教育』から学びましょう。

　先に述べたように、フレーベルによると、人間の使命は、神的なものと自然的なもの、天上的な存在としての神と、地上的なものとしての自然とを一致調和させて表現することであると説いています。フレーベルが、この地球上の自然をかなり重視していることがここから理解できます。

　そして「神は、創造者、保持者、統治者として、万物の父として、その

統一性において、自己を告知し、啓示するものである……」と表現しています。しかも「神の純粋な精神は、人間の生命のなかよりも、自然のなかにこそ、より純粋に、より明確に、現れている」と言います。

彼は自然を神の精神を現す存在として考えているのです。こうした自然について、表現を変えて「自然に内在し、自然の本質を形成し、自然のなかにつねに変わることなく現れている神的なもの」とも表しています。彼は自然についてこのように考え、「自然と人間との間に同一の法則が支配している……」と表明しています。

しかも自然についてもっとはっきり次のように言うのです。

「神から生じ、神によってつくられた全体像としての自然は、神の精神を、全体において、かつ全体を通して語り、伝え、喚び覚ます、神の言葉の全体としての自然は、その本質においても、その作用においても、以上のようなものである。」

ここでは、神から生じた自然は、神の精神を語るとしています。

ここでフレーベルが、神と神の精神とを微妙に区別して、自然との関係を説明していることに注目したいと思います。フレーベルは次のように言っています。

「神の精神も、神から現れてきて、独立はしているが、しかもなお、神と一体となっている精神として、自然のなかで、かつ自然を通して、働くのである。自然が神の身体ではないように、神自身は、家のなかに住むようなぐあいに自然のなかに住むものではない。しかし、神の精神は、自然のなかに住み、自然を担い、自然を守り、育くみ、発展させ続けている。」

ここで確認出来ることは、「１．神の精神は神から現れてくること」「２．神の精神は神と一体であること」「３．その神の精神は、自然のなかで、自然を通して働くこと」「４．神は自然のなかには住まないが、神の精神は自然のなかに住み、自然を担い、自然を守り、育み、発展させること」です。キリスト教では三位一体の神として、父なる、子なる神、聖霊なる神として表現しますが、フレーベルが言う神の精神は、三位の一つである聖霊と

考えることが出来ましょう。キリスト教の聖霊は、働く神であると解釈出来るからです。

　以上、フレーベルの自然観についてみました。自然が単なる物質ではなく、自然は神から生じ神の精神が現されている存在として考えられていることが理解出来ます。

②フレーベルの死生観
ⓐいのちについて

　先ずフレーベルのいのちについての考えをみましょう。彼はよく「生命」という用語を用いていのちを表現しています。その場合彼は、生物的に生きるとか、死ぬとかいう意味では「生命」という言葉を用いてはいません。あくまでも人間が人間らしく、本質的に生きることとの関連で用いています。

　そしてここでも、この「生命」の大本になっている神の理解が必要であることを前もって知っておいてほしいと思います。フレーベルにとっては、神は宇宙を創造した存在であり、宇宙の力の源であり、力であることを知っておいてください。

　1章で引用した言葉を再度紹介しましょう。

「すべてのもののなかに、永遠の法則が宿り、働き、かつ支配している。この法則は、外なるもの、すなわち自然のなかにも、内なるもの、すなわち精神のなかにも、自然と精神を統一するもの、すなわち生命のなかにも、つねに同様に明瞭に、かつ判明に現れて来たし、またげんに現れている。」

　ここには永遠の法則、つまり神がすべてのものの中に宿り、働き、支配していると書かれています。このことが彼の「生命」観です。この永遠の法則としての神は、人間の外なるもの、すなわち自然の中に、また、人間の内なるもの、すなわち精神の中に現れていると言います。そして自然と精神を統一するものを「生命」と表し、その生命の中にも永遠の法則としての神が現れていると言っています。

　このことを知ることの重要性をフレーベルは語っています。「生命に関し

て知ること、むしろ生命を全体として知ること、これが学であり、生命の学である」と強く主張するのです。現在「生命学」という用語で森岡正博が自己の哲学的な考えを表していますが、18世紀にすでに「生命学」という用語を用いていることを考える時、フレーベルの卓見が際立ちます。（森岡正博　『生命学に何ができるか：脳死・フェミニズム・優生思想』勁草書房 2001、『生命学への招待：バイオエシックスを超えて』　勁草書房 1988）

　この「生命」という用語についてフレーベルは、多様な表現を用いています。たとえば「神聖な生命」、「至福の生命」、「純粋神聖な生命」、「調和に満ちた生命」等です。これらの言葉の根底にある考えは、「神と人間の合一的生命」という考えです。この合一的生命を筆者は「神の霊との交わり」と解釈しています。霊的存在としての神と、霊的存在としての人間との合一を彼は表していると考えたいのです。

　このことに関連してフレーベルは次のように言っています。

「イエスの中に見る、そして人類のみが知っている、最も完全な最高の模範的生命は、自己の存在や自己の出現や自己の生命の根源的な原初的な根拠を、自己自身のなかに、明瞭にかつ生き生きと認識した生命であり、永遠に生きるもの、永遠に創造するものから、永遠の制約を通して、また永遠の法則に従って、自発的、自主的に現れてきた生命である。」

　人間の模範的な生命は、自己の生命の根源的な根拠を自己自身の中に生き生きとした認識であり、永遠の法則つまり神の法則にしたがって現れる生命であると言うのです。

　基本的なフレーベルの生命観を理解した上で、次に生命の具体的な現れについての考えをみましょう。彼は「内的な生命が内にあまって、なんらかの関係において溢れ出ようとする抵抗しがたい衝動……」が存在すると表現しています。つまり生命が自分の中にあまって溢れ出ようとする衝動があるということは、生命は、自己の中に、力、あるいはエネルギーとして存在し、何らかの関係において溢れ出ようとする根源であるということです。つまり生命は、生きるための根源的なエネルギーであると考えられ

ます。このことをフレーベル自身の言葉からみましょう。彼は、自然そのものは、多様な現れ方をすると言った後、次のように説明しています。

「このように、自然の形態が示す多様性は、すべて、その展開や形成の全段階を通じて一なるものによって制約されているものとして、唯一の力の所産として、現れてくる。この力は、もともとは統一として存在し、統一として現れるものであるし、また完成されて独立のものになった個々の生命のなかで、明白かつ純粋に、自己を表わすものであるが、しかし、自然の形態のあらゆる多様性のなかで、はじめて、自己を外的な現象として、全面的に、しかもそれぞれの関係に従って、かつそれぞれの関係において、表わすのである。」

ここでは、自然の多様性は一なるものの唯一の力の所産として現れる、と言っています。そしてこの「力」は、自己を個々の生命の中で現すと言います。ここから、人間の中に唯一の力としての神が内在していることが見て取れます。こうしたことを違った表現で「力の活動が、高められて生命になる」とも言っています。

　ⓑいのちの多様な現れ

さてここでフレーベルが「生命」は二つの系列に分かれると言っていることを知りましょう。彼は次のように言っています。

「あらゆる生命形態は、最初の出現から、直ちに二つの系列に分れる。すなわち、生命ないし生命の現象が、物質に従属する系列と、物質が、生命の活動に従属する第二の系列に分れる。」

生命は物質に従属するものと、物質が生命に従属するものに分かれると言うのです。そして「前者の系列の形態は、生きているとよばれるのが正当であり、後者は、自発的な運動をいとなむ生命を自己の中に担っているので、生きて活動していると呼ばれる……」と表現しています。ここでは、生命が物質に従属する系列は「生きている」と呼ばれ、物質が生命に従属する系列は「生きて活動している」と呼ばれると独自に表現しています。

さて、そこでこの「生命」と幼児との関係についてみておきましょう。

フレーベルは「幼児の生命は豊かである。しかし、われわれはそれを知らない。その生命は生気に溢れている。しかし、われわれはそれを感じない」と言っています。幼児には大人が知らない生命が豊かにあると言うのです。その大人について「少年へと移りつつある幼児の生命の重要な意味をたんに認識していないだけではなく、かえってそれを誤認している。それを育成しないだけではなく、かえってそれを妨害し押しつぶしてしまっている」と断罪しています。私たちはフレーベルが主張するように、子どもが持っている豊かな生命を、子どもからいただくことを考えたらどうでしょうか。

　ⓒ死について
　今紹介したように、子どもたちは豊かな生命を内に宿しています。そのことと死との関係をみましょう。フレーベルは悪い母親を引き合いに出して言っています。「もう一方の母親たちは、子どもの内部はからっぽだと思い、子どもに生命を吹きこもうとしたがる。いや、からっぽだと信じ込むほどに、自分でからっぽにしてしまって、彼に死を与えてしまうのである」と非難します。

　では、一体フレーベルは死んでいる状態をどのように考えているのでしょうか。彼は次のように表現しています。

　「われわれは、われわれの子どもたちが、考えることも働くこともせず、したがって死んだような状態のまま、われわれのまわりをうろついているのをそのまま放任している。」

　また彼は次のように言います。

　「われわれは死んでいる。われわれを取りまいているものは、われわれにとって死んでいる。われわれは、どれほど知識を持っていても、空虚である。われわれの子どもたちに対して、空虚である。われわれの語ることがらは、ほとんどすべて、虚ろで、空しく、内容も生命もない。ただごく稀な数少ない場合にのみ、われわれの語る言葉が、自然と生命の直観に基づいている場合にのみ、われわれは、子どもたちの生命を享受する。」

　われわれは、語る言葉が自然と生命の直観に基づいていなければ、その

言葉は空しく、われわれも死んでいると言ってよいと彼は言います。また次のようにも言います。

「社会生活において交わされるわれわれの言葉や談話は、死んでいる。それらは、内実のない外皮や、生命のない操人形や、内面的な価値のないゲームの計算である。なぜなら、それらには内面的な生命の直観が欠けている。それらには内容が欠けている、からである。」

ここでも大人が使う言葉に内面的な生命の直観が欠けている場合には、言葉や談話は死んでいる、と表現するのです。フレーベルは人間が生物的に死ぬことよりも、現実の生活の中での内面的な生命の直観が欠けていることを重視して、死ぬという内容を考え、表現しているのです。

たしかに、自然と生命の直観に基づいて生活している子どもは生き生きしています。したがって大人が子どもと交わり、共に生活する場合には、自己の状態を吟味し探求しさえすればよいと諭しています。その上で次のように強く宣言するのです。

「だから、さあ子どもたちのところに赴こうではないか。彼らを通して、われわれの言葉に内容を、われわれを取りまく事物に生命を与えよう。それゆえ、かれらと共に生きよう。かれらをわれわれと共に生きさせよう。そうすれば、われわれすべてにとって必要なものを、われわれは子どもを通して手に入れるであろう。」

ここで学ぶことは、大人は、子どもの生命から学ぶことが必要であるということです。「われわれが死んでいるからこそ、子どもの生命がわれわれにとって死んでいるのである」とも言います。大人が内容のある内的な生命に富んでいれば、子どもの生命をも、生き生きと学ぶことが出来るのです。

教育に生きたフレーベルにとって死の問題は何よりも、人間が生命を深く自覚し、神との合一的生命を成し遂げることによって、人間の本質的な生き方をすることにあるといってよいでしょう。

5章 「助け合い」と「希望」

　この章は、保育思想家の跡を継ぐために、この時代の中で何を子どものために考え、実行したらよいかを書きます。18世紀という時代の中で、子どもにとって何が課題かを考え、実行した保育思想家たちの生き様から学んだ精神を、現在に生かしたいという思いを表したいと思います。したがって、「助け合い」と「希望」と「祈り」について、保育思想家の考えを紹介することを意図していないことを先に断っておきます。
　少し内容がこれまでの章とは異なり、表現もやや難しいかもしれませんが、子どものためにぜひ読んでください。

■1節　なぜ「助け合い」と「希望」を考えるのか

　なぜ「助け合い」と「希望」について書くのか。そこから始めましょう。
　私たち大人は、幼い子どもたちが安心して生活出来るような社会を残す義務があります。そのために、今何を考え、何をなすべきかを追求しなければなりません。

（1）現代の状況とわれわれの課題
　さて、「スイス法人」として設立された専門家からなる民間組織の「ローマクラブ」は、人類の重大な問題を研究し、『成長の限界：ローマ・クラブ「人類の危機」レポート』（ダイヤモンド社 1972）を1972年に公表し、後100年以内に人類の経済成長は限界に達するという結論を示しました。引き続いて世界的に議論がなされ、「持続可能な開発」の概念が公表され、次いで国連では「環境と開発に関する委員会」が設置され、『地球の未来を守るために』がまとめられました。この「持続可能な開発」は「将来の世代が自分たちの利益や要求を充足する能力を損なわない範囲内で、現代の世代が

環境を利用し、要求を満たしていこうとする理念」です。私たちはここにみられるように、現在の子どもたちの将来に対して今何を考え、なすべきかをまとめなければなりません。この「持続可能な開発」の達成に向けて、以下に4点の要素が指摘されています。「1. 貧困の究明とその除去」「2. 資源の保全と再生」「3. 経済成長から社会発展への変換」「4. すべての意思決定における経済と環境の統合」です。

もう少し内容を説明しましょう。これまで先進国は18世紀以降、大量生産、大量消費、大量廃棄をしながら経済至上主義をひた走ってきました。その結果、資源の枯渇が叫ばれるようになりました。私たちは今、海洋、宇宙空間、南極等の自然環境や地球の資源を「地球共通財」として捉えて、地球市民として問題の解決に向かうことが要求されています。地球全体を「生命圏」として捉え、人間生命体とそれを支える周辺の条件を深く考える時に来ています。

未来社会のあり方は、地球全体を人類の共同体とする以外にはないと思います。「宇宙船地球号」という言葉があるように、人類が乗っている「宇宙船地球号」の行先を真剣に追求しないと子どもたちの未来はないのです。このままでは人類滅亡の時期は遠くないことを予言する悲観論が現実味を帯びてきています。

また、地球規模だけの問題ではなく、地域が分断され、人々の交流が欠落し、投機ゲームで富を得る人々が生まれ、一部の人が富を得る社会になってしまったことも見直さなければなりません。

国連大学の2006年の調査を紹介しましょう(『脱資本主義宣言：グローバル経済が蝕む暮らし』鶴見済 新潮社 2012)。
① 1％の人々が、世界の家計資産の40％を独占している。
② 2％の人々が、世界の家計資産の半分以上を独占している。
③ 貧しい半分の人々が所有する資産は、世界の家計資産の1％にすぎない。
④ 高所得国でも、純資産がマイナス（負債）で、世界の最貧困層にランクされている人が数多くいる。

これが現実の姿です。経済至上主義の進行の行き過ぎが生み出した世界の実態です。

私たちは資本主義のあり方を見直さなければなりません。深井慈子は『持続可能な世界論』という著書の中で資本主義のあり方を「体制内改良論」「中間論」「体制改革論」に分け、「主権国家存続・資本主義変革論」「主権国家変革・資本主義存続論」「主権国家変革・資本主義変革論」に分けて論じています。その詳細はここでは触れませんが、自分では働かないで、利子を生み出してお金を儲ける経済システムを考えなおす時に来ているのだと思います。

フランスの経済学者のセルジュ・ラトゥーシュは『経済成長なき社会発展は可能か？＜脱成長（デクロワサンス）＞と＜ポスト開発＞の経済学』（作品社 2010）、『＜脱成長＞は世界を変えられるか？贈与・幸福・自立の新たな社会へ』（作品社 2013）という本を書き、前者の本の中で「助け合い」「共生」を含め、「生産手段の私的所有と資本主義を真っ向から廃止せずとも、資本主義の精神 ── 中でも（利潤の増大にみられるような）成長への執着心 ── を放棄すれば、＜脱成長＞社会は徐々に資本主義的なものではなくなってゆくであろう」と言っています。そして＜脱成長＞という考え方の目的は「より少なく労働し、より少なく消費しながら、よりよく生きるための社会を創造することにある」と主張しています。

ラトゥーシュや他の研究者たちの研究を受けて、多様な議論が進み、現在では生活スタイルの変換が主張され、「助け合う生き方」「共生」「贈与」という言葉で表されている生き方が主張され始めています。

私たちはこうした内容を真摯に受け止めて、今後の保育を進めるために、人類全体の課題を見据え、子どもたちに関わっていく必要があると考えます。

次にもう一点「希望」についてなぜ書くのかについて書きましょう。

今いったように人類はこのままでは先行きが危ないと考えるべきです。現実的には、大きな経済成長はもはやそう簡単には望めないし、貧富の差を生み出すような今まで通りの経済成長を志向してはいけないと思います。

5章1節　なぜ「助け合い」と「希望」を考えるのか

　なぜならば、再度いいますと、従来の経済成長の仕方は人類の貧富の差をさらに促進し、資源の枯渇を一層進め、先進国に有利な富をもたらすからです。また先進国内にも貧富の差を一層進めるものと考えるからです。

　こうしたことを具体的に研究しつつ、問題の解決に向かうことを地球市民として実行に移さなければなりません。しかし、この、かなり重い課題を直視する時、問題の重さ、深さに押し潰されそうになります。本当に人類は世界的な共通課題を、共通意識のもとで解決することが出来るのか、と絶望感に襲われそうになります。それぞれの国は自国が生き残るために、ずる賢く振る舞うのではないかと疑問を抱き、不安に襲われることがあります。実際、人類が国連を中心にして、共通課題の解決に向かうことは現在のところそう簡単ではありません。

　しかし、私たちは人間である限り、あきらめてはいけないのです。私たちは子どもたちのために、政治家や官僚に任せっぱなしではなく、人間として、大人として、親として必死に課題解決を追求する義務と責任があるのです。慶応大学の小熊英二は新書大賞を受賞した『社会を変えるには』（講談社 2012）という著書の中で、次のように訴えています。

　「働くこと、活動すること、他人とともに『社会を作る』ことは、楽しいことです。素敵な社会や、素敵な家族や、素敵な政治は、待っていても、とりかえても、現れません。自分で作るしかないのです。」

　「社会を変えるには、あなたが変わること。あなたが変わるには、あなたが働くこと。言い古された言葉のようですが、今ではそのことの意味が、新しく活かしなおされる時代になってきつつあるのです。」

　そこで私たちに必要なことは「希望」です。どんなに困難な課題にみえても、私たち人間には「希望」を抱く特権があるのです。「希望」を持って問題に取り組めば、いつかは必ず課題解決の日が来るのです。手を取り合って、「希望」を抱いて進むことが、これからは必要だと思います。「希望」は人間に前に進む勇気と明るさと活力を与えてくれます。ですから私たちは「希望」について考えなければならないと思うのです。

(2) かつて人間は助け合って生きてきた

人間は弱い動物です。そのためにこれまで人間は助け合って生きてきました。現在も、わが国、そして世界の人々がいろいろな困難な課題を抱えていて苦しんでいます。私たちは同じ時代に生きる人間として、これからは助け合って生き延びることを目指さなければなりません。

家族が助け合い、地域で助け合い、社会全体、そして国、世界で助け合って生きることを真剣に考えなければなりません。このことが子どもたちから問われているのです。

現在では、この助け合いについて、自分を助ける「自助」、一緒に助け合う「共助」、行政などの公が助ける「公助」に分けて使います。今後はこの三つの助け合いを背負う立場になって、問題を具体的に分類し、日常生活に取り入れることが必要となっていくことでしょう。

(3)「助け合い」の歴史と類語

この章で私は「助け合い」という用語を使っていますが、用語としては、他に「共生」「互助」等があります。「共生」は人が共に生きることを意味します。本来は、生物が同じ環境の中で生態的に関係を持ちながら棲み分けを尊重し、共に生きることを指します。その生物の関係を人間に応用して用いた言葉です。「互助」は文字通りお互いに助け合うという意味です。私は私自身の造語として「響生」という言葉が本当はよいと思っています。人々の心が響き合って助け合いながら生きるという意味です。どのように制度的に決定がなされても、それぞれの地域に住む人々の心が響き合っていなければ、その制度はきちんと生きていかないと思うのです。

これまでわが国では、日本各地で多様な用語が使われて地域の助け合いを表現していました。たとえば沖縄では、ユイ、ユイマール、モヤイ＝モアイ、ウヤギー、テツダイ等があります。ユイの意味は「結合」からきていて、人々が「結合」し、交換労働として助け合うことを意味します。生産互助としての田植えや稲刈り等を助け合います。その他には生活互助として屋根ふき等を一緒にすることをします。ユイマールは「雇い廻る」（結

廻る）の意味を持ち、相互支援が廻ること（結廻り）を意味します。したがって、ユイマールは「互助」の意味を表します。

また「モヤイ＝モアイ」（模合）は「舫」（もやい）、と読み、船と船とを結びつけることを意味します。また、この「モヤイ＝モアイ」は「催合」（モアイ）と書く意味もあり、二人以上の人が共同で仕事をすること、共同を意味します。この意味で「モヤイ＝モアイ」は共助の意味も表します。「テツダイ」は、元は「他者の荷物を押し上げて軽くして手助けをする」という意味です。相手から返礼や反対給付を求めない一方向の加勢、手伝いの無償行為を意味します。その意味では「ウヤギー」は片一方からの支援という意味で「片助」となります。

これらの言葉は同じ沖縄でも地域によって表現が異なったりします。しかし、お互いに助け合わなければ、生きることが困難であった時代には、今紹介した言葉に表せられるような活動がなされていたのです。各地で暮らす人々が多様な内容、方法で助け合って生活を営んできた歴史があるのです。

日本以外でも、文化人類学のB．マリノフスキーがメラネシアのニューギニア諸島における「クラ」と呼ばれる相互の交換の慣習を明るみにしてから、助け合いが注目を浴びるようになりました。その後、マルセル・モースによって『贈与論』（勁草書房 1962）が書かれてから、先住民たちの贈与による人間関係や物の交換の背景が明らかにされてきました。人間の相互の関係のあり方を先住民たちから学んで、今後の人間のあり方を考えることも必要だと思うのは私一人でしょうか。

（4）「助け合い」の復活を

現在では、地域の人の「交差」（先にも紹介した、哲学者の中沢新一がよく主張する言葉）が今後必要なこととして重視されています。現在では人々の交流がかなり衰退してきました。大人も子どもも、地域で交流して暮らし合うことがめっきり減ってしまいました。

これから私たちは、地域でもっと交流して、話し合い、生活の知恵を出

し合って、一緒に生きていくことが不可欠だと思います。政治家や行政に頼るだけではなく、自分たちの暮らしは地域に住む自分たちで考え、改善していくことが最も重要だと思います。

　そのためには生きる実感の復活を志したいのです。そして今いったように、地域の自立、地域社会の創造を楽しみながら進めたいのです。「地産・地消生活」という言葉がすでに使われているように、地元で生産し、地元で消費する生活をつくっていきたいのです。その先には地域独自で使う「地域通貨」の実現も視野に入れたいと思います。そしてオランダの実践から学びつつ地域で「ワークシェアリング」（労働者同士が雇用を分け合うこと）を少しずつ実現したいのです。この「ワークシェアリング」については、オランダでは、政府、企業、労働団体の代表の三者がきめ細かな話し合いを持って実施されてきました。一人が8時間働く時間を6時間にして、仕事がない人にその短くした時間を提供して、労働を確保する仕組みです。働く人たちが、お互いに助け合って仕事をすることを模索したあり方です。

　一方、今やNPO（Nonprofit Organization　特定非営利活動法人）、NGO（Nongovernmental Organization　非政府組織）等の団体が国内、海外で互助活動を推進しつつあります。NPOは、政府や行政にのみ課題を任せるのではなく、それぞれの地域で必要なことは、それぞれの地域でお互いに助け合って解決していくシステムです。わが国でも、教育や福祉、医療、子育て、食糧、農業、漁業等、多様な分野にわたるNPO法人が全国に広がっています。2010年1月現在で約4万法人に上っています。

　また、世界の情報が入手出来るようになってきた今、世界の諸課題を解決するために、各国の政府の働き以外に民間のNGO組織が存在するようになりました。その数は世界で約1万7千に上ります。また、世界やわが国でも各地域ではさまざまなボランティア団体や個人が自主的に奉仕活動に携わっています。このような動きに呼応して、これから「助け合い」の社会を創造していきたいです。

■2節　子どもが出来る「助け合い」

（1）大人と子ども世界の変化と「助け合い」

　現在の社会は競争社会、貧富の差が目立つ社会、先行きが見えにくい社会です。子どもたちもそうした社会の中で何となく、ゆっくり落ち着いて過ごせない生活をしています。しかも、子どもたちは知らない人に声をかけられたら返事をしてはいけないと親から諭されている、一種の不安社会の中で暮らしています。人と助け合うどころか、人を信じられない社会に陥っているのです。しかし、だからこそ、そのような社会を変えて、人々がお互いに信じられる、楽しい、「希望」の持てる社会にしていきたいのです。

　もちろん子どもたちだけではなく大人が率先して人を信じ、人を助ける実際の行動を子どもたちの前に見せることです。そうすることで、子どもたちも友だちや他の人を助ける人間になっていくのだと思います。

　私が生まれ育った伊豆大島町の岡田村では、かつては大人たちが、助け合って村の道路を直したり、学校の運動場を整地したり、暗いうちに起きて朝早くからわら葺(ぶき)の屋根の修理をしていました。農業や漁業の忙しい時には、手の空いている人に頼んで手伝ってもらっていました。私は、子ども心にも、大人が汗をかきながら一生懸命に共に助け合っている清々しい姿から自然に助け合うことの大切さを学んだように思います。

　この助け合う姿は大人に限らず、お兄さんやお姉さんの姿からも学ぶことが出来ました。お兄さんやお姉さんと一緒に近くの道路掃除に精を出し、ゴミ拾いをしたことを昨日のように覚えています。そのような活動をしていると大人がお菓子を分けてくれて、とてもうれしかったことを思い出します。これから、大人が率先して助け合う姿を子どもの目の前に広げていけば、子どもたちは助け合いの精神を着実に身につけていくことでしょう。

　また、家庭の中で、子どもに出来ることをさせながら育てることは大切です。親が何でもやってしまうことは、助け合いの心を育てることにはなりません。家族の中で出来ることを子どもにさせることを考えたいもので

す。幼稚園や保育園でも、もっと手伝い、仕事、労働を重視したらどうかと常々考えています。

（2）困っている人に対する子どもの活動（昭島幼稚園の事例）

東京の私立昭島幼稚園では、子どもたちが小遣いの中から毎週1円、5円とお金を持ってきて、バングラデシュの子どもに送る運動を長年展開してきました。そして、親も一緒になって支援活動を続けているのです。親子で一緒に取り組むことで親子の絆も深まり、子どもの心に助け合いの精神が自然に育つのです。この運動は新聞に取り上げられたこともありました。

他にもこの幼稚園では、親が空き缶や古切手等を集めてそれを売る等して、資金を集めてバングラデシュに学校をつくる活動もしてきました。そうした活動の一環として、子どもたちと一緒に助け合いの活動をしているのです。この活動は園長の考え方が土台となってなされてきました。園長は、自分を必要とする隣人に対して、どんな小さいことでも、幼いころから出来ることをする体験を大切にして保育を進めてきました。

（3）世界の子どもたちの「助け合い」の精神から学ぶ

①片道4時間歩いて学校へ

また、「ESNAC」（エスナック）（愛を与え、愛を学ぶ会）の人たちが援助をしているバングラデシュの女の子のことを紹介します。山岳民族のある村では誰も文字が読めません。そのために困っていました。その村では、賢い6歳の女の子を町の学校へ行かせて文字の読み書きを覚えさせようと考えました。その村では子どもも労働者として大人の仕事を手伝っていましたが、その女の子の仕事は他の子どもがこなすことになったそうです。

その女の子は片道4時間かかる町の学校へ、暗いうちにカンテラのような物を下げて通学しました。往復8時間かかります。何とその子は6年間1日も休まなかったそうです。なぜこの子はこんなにも困難なことをやり遂げたのでしょうか。それは、自分が学べる喜びと、村のために読み書きが出来る人が必要だという使命感と責任感を心深く自覚したからだと思い

ます。村は、助け合わなければ生きていけないことを、この少女は身をもって知っていたのです。

　親も村人もみんなで、助け合って暮らしている毎日をじっと自分の目で見て育ったこの少女は、村のために自分が出来ることをして、村を助けようと固く自分に誓ったのです。このように生きている中で彼らは人間としての深い「助け合いの精神」を身につけるのです。

②ボールペン１本

　もう一つ例を紹介しましょう。先に紹介した団体の人が、山岳地帯に住む家にボールペンを１本忘れました。日本人が忘れた１本のボールペンです。１本くらいなら構わないと、日本人の私たちなら思うかもしれません。しかし、彼らにとってボールペン１本はとても貴重な品物です。日本人ならいっぱい持っているので、届けなくてもいいと思うかもしれません。しかし彼らは違うのです。男の子二人が、二日以上も休みなく山をいくつも越え、ジャングルを走り続けて、何と空港までボールペン１本を届けてくれたのです。飛行機に間に合った二人は「間に合ってよかった」と言って、とてもうれしそうな顔をして帰っていったそうです。なんという気高い心でしょうか。私たち日本人の大人でもこのような道徳心は持ち合わせてはいないのではないでしょうか。バングラデシュの大人たちが、深い「助け合いの精神」で生きている影響で、子どもにも深い道徳心が育つのでしょう。日本の子どもたちの心を育てるには、「もったいない」精神を大人が持って生活することが先ずもって問われることでしょう。

③物を分け合う習慣

　もう一つ、先に紹介した同じ団体の報告です。インドも支援しているこの団体がインドを訪問して、見聞きしたケースです。この団体では直接相手には現金を送ることはしません。その代わりに物資は送ります。物を送ると、彼らは自分の家族だけで独占しません。必ず近所の人に分け与えます。日ごろから「助け合って」生きている彼らは、みんなが家族のように「助け合って」日々を過ごし、分け合って暮らしているのです。

■3節 「希望」について

(1)「希望」の必要性とその意味

　先にも述べたように、わが国の先行きは決して明るくはありません。しかし、人間はこれまでその都度苦しみながら考えに考えて困難を乗り越えて生き抜いてきました。私たちも先人に負けないように、地球や先人が残してくれた遺産を守り、よりよい平和な世界を創造しなければなりません。「大地は祖先から受け継いだものではなく、未来の子どもたちから預かったものだ」というアメリカ・インディアンの言葉があります。大地だけではなく、現在の世界のすべてが未来の子どもたちから預かったものなのです。現在の文化、政治、経済、教育、自然、産業、農業、漁業等すべてです。私たちは子どもたちから預かっているこれらのすべてを守り、よりよいものへと創造していかなければならないのです。

　そのためには「希望」が大切です。「希望」は人を生かします。第二次世界大戦の中、ナチスヒットラーにつかまった世界的に有名な心理学者のフランクルは、牢獄の辛酸な体験の中で人間の深い精神的な事実に遭遇しました。何と、生きることをあきらめている人は次々に死んでいったそうです。しかし、自分の妻が待っているという「希望」を抱いている人は生き延びたという事実を、フランクルは解放された後、本に書いています。生物的には生きることが困難な状況でも、「希望」を抱いている人はその「希望」の精神によって生きることが実際に出来たのです（『夜と霧：ドイツ強制収容所の体験記録』みすず書房 1961）。

　私たちもフランクルにならい、「希望」を持って進めば必ずや、着実に子どもたちのためによい社会を築き上げることが可能だということを信じたいものです。

(2) 自己評価の低い日本の高校生

　周知の通り、わが国の子どもたちの自己評価は先進国の中で最も低くなっ

ています。

　文部科学省は、高校生を取り巻く状況についての調査を公表しています。心の健康や勉強、学校生活、社会への参加意欲などについて調査したところ、日本の高校生は、米国や中国、韓国と比べ自己肯定感が低く、社会への影響力が低いと感じていることが明らかになりました。

　同報告書は、2011年3月の「高校生の心と体の健康に関する調査」と、2010年4月の「高校生の勉強に関する調査」、2009年2月の「中学生・高校生の生活と意識」の三つの調査をもとにまとめています。

　その中の「自分自身をどう思うか」について、「私は価値のある人間だと思う」と回答したのは、日本36.1％に対し、米国89.1％、中国87.7％、韓国75.1％となっています。また、「自分が優秀だと思う」と回答したのは、日本15.4％に対し、米国87.5％、中国67.0％、韓国46.8％です。その他の自己評価に関しても米国や中国、韓国の高校生と比べると、すべての項目について低くなっています。

　「私個人の力では政府の決定に影響を与えられない」と回答したのは、日本80.7％に対し、米国42.9％、中国43.8％、韓国55.2％でした。

　日本の高校生は、他国と比べ自己肯定感が低く、将来に不安を感じ、自分の力で社会が変えられないと感じている傾向にあるといえます。自己評価の低いわが国の子どもたちは、自分の将来に「希望」が持てていないのです。このような状態を何とかして改善したいものです。現実の自分の姿に失望していないで何とか前を向いて「希望」を持って進んでいってほしいのです。

(3)「希望」とは何か

　そこで先ず「希望」とは何なのかについて考えましょう。

　ドイツの教育学者であり、「希望」の哲学者でもあるO.F.ボルノーは『実存哲学と教育学』(理想社 1966) という本の中で、「希望」について書いています。そこでボルノーは「期待」と「希望」の違いについて論じています。「期待」はいついつまでに実現してほしいと願って具体的な時を設定すると彼

は言います。そして「期待」は具体的な期待する内容を想定すると言います。したがって想定した時に想定した内容が実現しないと失望し、そうなると、裏切られたという思いを抱くことにもなると言います。想定した内容が想定した時に思った通りにならないと苦い思いを感じるのです。そこでは「期待」する人が主体で「期待」される人は受け身なのです。

　「希望」は期待とは違って、いつとか、どういう内容とかを想定しません。「希望」を抱く人は、その内容が実現しなくても「大丈夫だ。必ずうまくいくよ」といつも前向きに思えるのです。そういう意味では「希望」は条件なしに「いつかは必ずうまくいく」と信じる心の状態であるといえます。そのように考えると、「希望」は時を超えているといえます。この「希望」は、実存哲学者として大家であるフランスのG．マルセルが深く考察しています。マルセルは「希望とは現実を信用することであり、現実の中にそういう危険に打ち克つものがあることを肯定することである」とわかりやすく説いています。そして私がいったように、マルセルも「希望は永遠性の肯定、永遠の善の肯定を含んでいる」と説明しています（『存在と所有』理想社 1957）。

　このように考えると「希望」を抱く人は人生をいつも楽しく前向きに生きることが出来るのです。現在、「希望学」という領域を展開している人たちがいますが、私にはそれらの人の考えは「希望学」ではなく「期待学」であるとしか思えません。「期待学」は人に、望んだことが実現できるかどうかに対して不安を与えるように思うのです。一方「希望」は、喜びと共に、果てしなく自分の考えを信じ、自分の人生を信じ、世界を信じ、他者を信じて生きるプロセスを味わいながら生きることを可能にしてくれます。

　ですから私たちもこの「希望」という心の船に乗って、子どもたちのために生きたいと思います。そして、そういう態度で子どもたちに接することを通じて子どもたちに「希望」の種を蒔いて進みたいのです。

（4）大人にとって「希望」としての子ども

　子どもたちが「僕大丈夫だよ、お父さん、お母さん」という心の態度で

成長していけば、子ども自身が自分の「希望」であるし、子ども自身が大人の「希望」であるといえるのではないでしょうか。そして、このようにいえる子どもたちが未来に「希望」をもたらすのではないでしょうか。

　今述べたように、子どもが「希望」を持っていれば、人類の未来は明るいと思います。「希望」を持っている子どもがいれば、大人はそうした子どもに未来を委ねて安心して次代に「希望」を持つことが出来るのではないでしょうか。「希望」は決してあきらめません。どこまでも未来を信じ、進んでいくのが「希望」なので、大人は子どものそうした「希望」に喜びを感じて去っていくことが出来るのです。そのような気持ちを抱いて去っていった大人の子どもへの信頼を子どもは受け継いで、「希望」を持って生きていくことでしょう。

　こういうことを考えると、今私たち大人に問われる課題は、子どもたちに「希望」を育てることだと思います。そこで先ずもって真剣に考えるべきことは、大人が見本として「希望」を抱いて生きることだと思います。大人が「希望」を持って生きていけば、自ずと子どもは「希望」を抱いて育つことは間違いありません。

(5) どうしたら「希望」を持つことが出来るか

　このことはそう簡単ではありません。なぜならば子どもを含めた人間は「自己保存本能」を生まれながら持っているからです。誰もが自分の命を守り存続させたいという本能を、体全体に浸み込ませているのです。これはすべての人が認めざるを得ないことです。しかし一方で、人間は倫理的存在でもあります。自己保存本能を持っている人間でも、「みんなが自分と同じように自己保存本能を持っている存在である」ことを共感的に理解することが出来るのです。

　自分と同じ本能を持っている存在であることを知る時に、人間は、他の人も自分と同じ仲間であることを理解することが出来るのです。そういう意味では、人間は「共感」し合える仲間であると感じることが出来るのです。そして自分のことだけを優先して考えるのではなく、他の人のことも考え

て、我慢し、譲り合うことが出来るようになるのです。

　この、我慢、譲り合う行為を大人が先ず率先して実行する姿を見せることで、子どもたちも身につけることができます。しかし、この我慢、譲り合いを持つことは、大人が「深い思い」を「静かに」自らの中に抱きしめていないと難しいと思うのです。つまり、自分を信じ、人を信じ、世界を信じ、地球を信じ、宇宙を信じることが出来ないと難しいのです。このことを一種、宗教的に替えて表現すると、「宇宙は信じられる」「宇宙は愛で満ちている」「宇宙は神様や仏様、大いなる存在がいて導いていてくれている」という心境に達することが必要です。ここまで思想を深めていかないと、「希望」を持つことはそう簡単ではありません。

　もう少し考えてみましょう。私は「希望」の根源は宇宙だと考えます。考えてみませんか？　私たちは空気を吸って生きています。この空気は葉っぱ等がつくってくれます。この葉っぱは太陽の光がないと空気をつくれません。太陽は太陽系が、太陽系は銀河系が、銀河系は他の銀河系が、つまり宇宙と関連し合って存在しています。つまり私が空気を吸って生きられるのは宇宙のおかげなのです。ルソー、ペスタロッチー、フレーベルはそれぞれ独自に、神様がいて導いていてくれていることを表しています。

　前にも神の存在について紹介しましたが、改めてルソーの考え方を『エミール』からみることにしましょう。

　「生命のない物体は運動によってのみ動かされるのであって、意志のないところにはほんとうに行動と言えるものは存在しない。これがわたしの第一の原理だ。だからわたしは、なんらかの意志が宇宙を動かし、自然に生命をあたえているものと信じる」とルソーは言います。この「なんらかの意志」を彼は神と呼んでいます。私たちも、彼にならって深く落ち着いて考えてみましょう。

　ルソーに聞きましょう。

　「自分の無力を深く感じているわたしは、神のわたしにたいする関連という考えからそれを迫られないかぎり、神の本性について論じるようなこと

は決してしないつもりだ。そういう議論はかならず身のほども知らないことになる。賢明な人間なら、その場合畏れを感ぜずにはいられまいし、自分はこういうことを深くきわめるように生まれついてはいないことがわかっているはずだ。神に対するはなはだしい冒瀆は、神のことを考えないことではなく、神にたいして間違った考えをすることだ。」

　ここでルソーは、人間が勝手に神について考えてはいけないことを戒めています。神の方から人間に神と人間との関連を迫られない限り、神について論じてはいけないと言うのです。つまり神の方から啓示によって自己の存在を示してくれないと、人間には神のことはわからないと、ルソーは考えるのです。

　ここまで少し遠回りをしたように思いますが、どうしたら「希望」を持って生きていくことが出来るかという問題は、宇宙をつくり、支配している存在者がいるという考え方を持つか否かに関わっているように思います。この考え方をすべての人に理解していただこうとは思いません。しかし、近代の、理性をあまりにも重視し、合理的な考えに基づいてひた走ってきた人類のあり方を、立ち止まって考えなおす時がすでに来ていると思うのです。このことを考えることは決して無駄ではないと思うのは私だけでしょうか。

（6）「希望」といのち

　さて、そこでもう一つ、これまで述べてきた「希望」と「いのち」との関連を考えましょう。

　私たちのいのちはいつか消えます。誰しもがいつかは必ず死ぬのです。死亡率100％です。しかも、いつ、どう死ぬかは誰にもわかりません。自分の「いのち」なのにわかる人は一人もいないのです。しかし、死ぬことが確実ならば、死んだ後の子どもたちに「希望」を抱いて去っていこうではありませんか。人間は未来の子どもたちに対して、「希望」を抱きながら去っていくことが出来る唯一の動物なのです。次の子どもたちの「いのち」の世界に「希望」を持って繋ぐこと、これが大切だと思います。私たちの

いのちを次の子どもたちに希望を抱いて去ることは、去っていく時の喜びでもあります。

(7)「希望」と「祈り」の関係について

「希望」は「祈り」に通じています。「希望」には何ら具体的な内容はありません。「希望」はただ宇宙を信じ、自分が求めることがよい方向に行き着くことを心の底で信じ、信じること自体を宇宙に委ねるのです。そういう意味で「希望」は心の中の「祈り」ともいえるでしょう。先に紹介したマルセルは、「希望の領域はまた祈りの領域である」と説いています。

そこで先ず祈りとは何かについて考えましょう。

「祈」という文字は語源的には「斤」は「丁」（物）に「厂」型の、おのの刃を近づけたさまを描いた象形文字で、「すれすれに近づく」という意味を含みます。「ネ」は「示」であり、「示」は、「丁」と「ハ」で出来ています。「丁」はお供え物を乗せる祭壇であり「ハ」は霊を意味します。つまり霊が存在する祭壇です。総合して「祈」は目指すところに近づいて、霊が存在する祭壇の神様に祈ることを意味します。西洋では「祈り」は「請願」「懇願」を意味します。これは、人間を超えた何か大いなる人格的存在、つまり請願や懇願に応答してくれる人格的存在を前提にしているように思います。ちなみに日本語の「神」という文字の「ネ」は先ほどの「示」と同じで「霊」を指し、「申」は、雷を意味するようです。すなわち、人間を超えた超自然的な存在を表す文字のようです。

一方、宗教学者であり、祈りの研究者である棚次正和は、日本では「いのり」は「い」（神聖・生命力）＋「のる」（宣言）であって、「生宣（いの）り」を意味するという説もあると言っています。わかりやすくいうと、「い」は、聖なる生命エネルギーであり、「のり」はそのエネルギーを「宣（のる）」こと、つまり宣言することだと説明しています。それ故「祈りは人間の自然本性に由来する行為・状態である」と言うのです。したがって「人間は祈る存在である」と棚次は言っています（『祈りの人間学：いきいきと生きる』世界思想社2009）。

今この祈りについて考えてみると、現在の日本ではどちらかというと、一般的には西洋的な祈りの考え方に近い意味合いで使われているように思えます。
　先に「希望」は「心の中の祈り」であると表しましたが、以上のことからいえることは、「希望」は目指すところ、すなわち人間を超えた存在である神様に近づこうとして心の中で委ねつつ祈ることに通じる、といえるのではないでしょうか。
　そこから、日常私たちは、窮地に陥った際に、自分の力ではどうしようもないと感じた時に、自分を超えた神様に頼って、祈る行為を取るのです。もちろん、その祈る人は、自分ではどうしようもないので、すがる思いで神様に「希望」を委ねるのです。
　そのような祈りの思いを、事例を通して紹介しましょう。

お母さんの流れ星への祈り

　私の知っている、あるお母さん（Aさん）の「子どものための祈り」について、事例を紹介しましょう。
　私は月例の、「子育て・教育相談」を長年行ってきました。20年以上前になると思われる実際の話を、少し長くなりますが、記憶をたどって紹介します。この子育て・教育相談に、6年生の軽度の知的障害の男の子（A君）のお母さん（Aさん）が、知り合いのお母さんと一緒に参加しました。そのときは初めての参加だったので、本音で話は出来なかったようです。その会の終了後に、何かあったら私と連絡を取り合うということで、別れました。その後何度か電話で軽く話し合ったことがあります。
　ある日そのお母さんから電話が入りました。電話の向こうでお母さんは興奮して泣きじゃくっていました。
お母さん：「先生！　もう嫌です！　息子が学校でいじめられるのにもう我慢ができません。息子は、養護学校へ入れたいです。いいでしょうか。」
　かなり興奮している様子でした。

私　　　：「そうですか、養護学校へ入れたいのですか。でも、お子さんは、どう言っているのですか？」
お母さん：「子どもは近くの中学校へ行きたいと考えているようです」
私　　　：「そうですか。お母さんとは考えが違うのですね。どうしたらいいか、今決めないで、ゆっくり考えましょうか。あわてないほうがよいと思います。お子さんにもう一度意見を聞いてみてください。その後で私とお母さんとで、話し合いませんか？」

　お母さんの興奮が収まったように思った私には、ある考えがありました。それは、お母さんが落ち着いた時に、お子さんの意見を含めて、もう一度お母さんと話し合いたいということです。そして数日後にお母さんから電話がありました。

お母さん：「先生、息子はやはり、近くの中学校へ行きたいと言っています。どうしたらいいでしょうか？」
私　　　：「お母さん、お子さんの意見を尊重したらどうでしょうか。たしかに、お子さんがいじめられるのを見るのはつらいですよね。でも、お子さんが近くの中学校に行きたいと言っていることを、お母さんはどう思いますか？」
お母さん：「私も冷静に考えたら、いじめた子どもも同じ中学に行くことを知っている息子が、同じ中学校へ行きたいと思う気持ちはすごいと思いますし、今はその気持ちを尊重しようと考えています」
私　　　：「わかりました。お母さんがそういう考えでしたら、私に考えがあります。私の『子育て・教育相談の会』に参加しているお母さん、お父さんたちに協力をしてもらうように話しますが、よろしいですか？」
お母さん：「よろしくお願いします」

　翌月の例会で私は、参加したお母さん、お父さんにあるお願いをしました。
私　　　：「Aさんのお子さんが、近くの中学校へ入りたいと決めたようです。A君は小学校の時、いじめに遭っていました。彼がいじ

められないように、みなさんのお子さんに、もしA君がいじめに遭ったら、いじめた子に強く注意するように伝えてくれますか？」

参加者　：「わかりました、みんなで子どもたちに伝えます。」

　お母さんは、参加した方にお願いをし、月例会は終わりました。私は、中学校に息子さんのこれまでのことを話し、対策を取ってくれるように話してください、とお母さんに伝えました。

　その後お母さんは、学校へA君のことを伝えました。学校は教頭先生をA君の補助員として位置づけ、彼を見守る対応策を取ってくれました。そうした中で、残念ながらA君に対するいじめが起きてしまいました。いじめた1年生は、「子育て・教育相談の会」の親から話を聞いた先輩からきつくとがめられ、反省をし、それからはA君に対するいじめはなくなりました。

　その後の月例会でのことでした。あまり人前では話さないA君のお母さんが、「先生、私に話をさせてください」と言うのです。私は参加者にそのことを伝えてお母さんに話してもらいました。

お母さん：「みなさん、私の子どもは小さいころからいじめられてきました。私もつらかったし、本人もつらかったと思います。何とかいじめが起きないように、いつも心配していました。夜空に流れ星が出ると、とっさに、いじめがなくなりますように、と祈りました。必死の思いでした。でも、この間流れ星が出たときに、私、祈らなかったんです。なぜって、いじめが起きなくなったからです。今度流れ星が出たらお礼を言おうと思っているんです」

　この言葉を聞いていた20数人の参加者は、よかったというほほえましい笑いとうれし涙で感動を共にしました。

　長い事例でした。私はこのお母さんのわが子を思う「流れ星への祈り」は、すべての親、いや、人間が持っている「心の祈り」であると思わないではいられません。祈りの対象が流れ星であったり、神様であったり、仏様であったりという違いはあります。しかし人間は弱い存在です。自分ではどうし

ようもないことが起きると、何かに向かって祈りたくなるのです。ユングという心理学者は、無意識が世界を動かしていると言っています。もしかしたら、人間の祈り心が世界を動かすのではないかと思ってしまいます。

人間は困った時や心配する時に祈ります。お産を迎えた時に母親はその前から「無事に生まれますように」と祈ります。そして何もできない父親は「どうぞ、無事に子どもが生まれますように、そして母子共に元気でありますように」と祈るのです。何かに向かって祈るのです。

また人は朝起きた時に、何とはなしに「今日も元気で無事に過ごせますように」と手を合わせて祈り心を抱いて、一日を始めます。漁に出る時には、「今日も無事に帰れますように」と祈り心を湧かせるし、仕事に出かける時には、「交通事故に遭いませんように」等と祈る気持ちにもなるのです。そういう意味では「人間は祈る動物である」といいたくなります。

(8) 社会・国家のための祈り

次に、祈りについていいたいことは、社会・国家のための祈りです。

どの社会、国家にも問題が山積しています。国内の紛争、政治、経済、福祉、教育、食糧、医療、貧困等、考えだしたらきりがないほど大きな課題が存在しています。望むらくは、どの国の政治家も、よい社会、よい国家を築いてほしいと思わないではいられません。政治家も国民も、それなりに何とかよい社会、よい国家となるようにと祈る気持ちを抱きながら、毎日を送ってほしいと思います。

特に弱い立場にあって、迫害されたり逮捕されたり、不平等な立場に追いやられている人たちは、毎日、自由で平等が保障される日を祈るような気持ちで生きていると思うのです。

こうした人たちの祈りは実は、人類の呻きとしての祈りでもあるのです。世界が平和になり、どの国の人もお互いが理解し合い、行き来出来るような世界になることを誰もが願っているのです。このことは、現実的にはたしかに難しいのですが、食糧を国連が備蓄し、富める国は貧しい国に食べる物を分け与えるようにすればよいと思うのです。人類は現実にはまだそ

うしたことを実行する段階には至っていないのです。各国は自分の国のことで精一杯で、他の国を助ける余裕はないのです。高い倫理性を持つことが出来るはずの人間が、なぜ分け与えることが実行出来ないのでしょうか。ある小学4年生の男の子が私に次のように言いました。「食べる物がなくて死んでいく子がいるんだったら、送ってあげればいいじゃない」と。私は、そうだねと言いましたが、現実的には人間、人類はそのことを世界的に誠実に考え、実行することをしようとはしないのです。

（9）人間は善い存在か

　ここに至って私は、人間は本当に善い心を持っているのだろうか、と疑問に思う心が沸々と沸いてくるのを抑えることができません。それは私だけでしょうか。人間は本当に善い存在なのでしょうか。どうもそうだという確信を私は持ち切れないのです。

　そこで先に紹介したドイツの教育哲学者である、O.F. ボルノーの人間に関する考えを、先に紹介した本から引用しましょう。彼は、人類が過去に犯した悲惨な二度の世界大戦や殺戮等を振り返って、人間について深く省察して真剣に告げます。

　「その結果、こんにちの教育者にとって、埋没の状態からふたたびただ開発されればよいような、そして、内的法則にしたがっておのずから展開されていくような、人間のうちなるよき核心への信頼などは、なんとしても幻想とおもわれ、かかる幻想にふけるのは、無責任とはいわないまでも、無思慮なこととされるにいたった。本来悪魔的なあしき存在が、人間のうちに、少なくとも人間のうちなる一つの可能性として、原則的に認められなければならなくなった。そして、このものが、まったく途方もない仕方で束縛から解放されてしまったあとでは、人間のうちなるよき能力をただ導いていけばよいのではなくて、そのかわりに、このあしき存在を、さしあたりなんとかして、外からはばまなければならないという、もっとさし迫った必要が生じたのであった。」

　最初この言葉を読んだ時に、私は気が動転するような感覚に襲われまし

た。それまでは教育は子どもの内部にある善きものを引き出す働きである、と思い込んでいたからです。

　人間の内に本来悪魔的な悪しき存在が、人間の内なる一つの可能性として、原則的に認められなければならなくなった、とボルノーは言うのです。このボルノーの言葉を読んだ後、私は、この箇所が頭から離れなくなってしまいました。人間の内に、原則的に悪魔的な存在があるという人間観は、それまでのルソー、ペスタロッチー、オーエン、フレーベル等の人間観と、真っ向から反対の考えであるからです。

　しかし、冷静に考えれば、ボルノーの人間観は、人間と人間社会がもたらした多様な悲惨なことを思う時、決して間違っている人間観ではないことが理解出来ます。

　このような人間観を学ぶ時、人間や人間社会は誠実に多くの悲惨なこと、不平等のことを考えないという現実が理解可能となってきます。

　そうはいっても、決して絶望はしません。ボルノーが「あしき存在を、さしあたりなんとかして、外からはばまなければならない」と言っているように、悪しき存在を外からはばむ教育を実行すればよいからです。

(10)「希望」と「祈り」に対しての深い挑戦状
― 近代科学の誤った方向性としての原子力発電所の存在 ―

　「希望」と「祈り」の関係についてここまで書いてきましたが、私は今、「希望」と「祈り」という問題に対して深い挑戦を受けています。それは、日本人が、いや人類がこのままのあり方でよいのかという、差し迫った大きな、そして根本的な課題に直面しているからです。その課題とは、人間の科学的な技術と、その技術が生み出した原子力の問題です。取り分け、原子力発電の問題は現実的な急務であると思います。2011年3月12日と14日に、福島原子力発電所が爆発してしまいました。

　東京大学の教授で、同大学のアイソトープ総合センター長の児玉龍彦氏は、福島原発事故によって「広島原爆の20個分以上の放射性物質が撒き散らされた」と言っており、京都大学の原子炉実験所助教の小出裕章氏は「原

爆80発分の死の灰が飛び散ってしまった」と言っています。二人の言う、撒き散らされた放射能の数値は異なりますが、両者共にとてつもない数値です。

　この事故によって、生まれ育った場所に帰れないで、沖縄等、日本各地に避難している人たちがいます。この人たちが帰れる日は不確実なのです。放射性物質の除染作業は一向に進んでいないし、福島原子力発電所の処理も見通しが立っていません。地下水による放射性物質の汚染水も次から次へと増え続け、漏れ始めています。また、原子炉の中には未だ核燃料棒が残っているのです。

　なぜ原子力発電は危険なのでしょうか。それは放射性物質が人体を破壊してしまうからです。人体のDNAを破壊し、人体に癌をもたらすからです。そのことはロシアのチェルノブイリの原発爆発事故後のデータからわかっています。そして、放射性物質の種類にもよりますが、放射性物質が半分に消える時間が2万4千年かかるものもあるからです。つまり、放射性物質が完全に除去されない場所に半永久的に入れないということが起こりうるのです。それまで安全に保管出来る方法があるのでしょうか。

　これまで国や電力会社は、原発は、絶対安全であるという「原発安全神話」を宣伝することによって、国家政策として位置づけて推進してきました。しかし、福島原発事故以前にも、いくつかの原発は事故を起こしてきました。そのたびに、電力会社は事故をひた隠しにしてきました。そして今回の福島の原発の爆発です。国会の事故調査委員会は、この爆発事故について次のように厳しく断罪しています。「この事故が人災であることは明らかで、歴代及び当時の政府、規制当局、そして事業当局者である東京電力による、人々の命と社会を守るという責任感の欠如があった」と結論を出したのです。

　私がここでいいたいことは、人間の力には完全であるということはない、ということです。絶対安全であるということはあり得ないのです。しかもこの国会事故調査委員会は人間の過ちを分析して、およそ次のように指摘

しています。「わが国では一党独裁支配が長く続き、政界、財界、官界が一体となって、経済成長を走り続け、それに伴い『自信』は『慢心、おごり』に変わっていった。そうした動きの中で国民の命を守ることには目を向けず、『安全対策は先送りされた』」と強く弾劾しています。

　この人類未曾有の災害をもたらした福島原発は、今私たちに何を語っているのでしょうか。一つは、原子力発電所は、人が少ないところにつくることが決められていることを考えるべきだ、と訴えています。このことが何を意味するかというと、もし原発が事故を起こした時に、被害に遭う人の数が少ない場所であるということです。絶対に事故が起きないということを想定していないのです。

　次に、私たちはこれまで、原発による電気を使用して、快適な生活をしてきたという事実を考えなければなりません。特に東京等大都市に住む人たちは、自分の便利な生活が原発によってなされてきたことを考えるべきだと思います。人口の少ない、経済的に恵まれていない地方に、国策で電力会社と一体となってお金や物で説得して、原発を推進してきた事実を知っておくべきでしょう。その結果少なくない原発立地地域では、賛成派、反対派による市長村内部の分裂もありました。

原子力発電の終焉　ハイデッガーに聞く

　これからは、まだ技術的に解決策を持っていない原発を止めて、再生可能な電力を考えるべきでしょう。わが国は、かつては太陽光等の電力で世界でも有数な国だった時もあるのです。太陽光、水力、風力、地熱等による電力開発を推進し、安全な生活を目指すべき時に来ています。

　翻ってこの危険極まりない原発について冷静に考えてみれば、すでに偉大な哲学者、たとえばドイツのM．ハイデッガーは人間の技術の持つ危険性について予言的に訴えているのです。この偉大な哲学者の言葉に耳を傾けてみましょう。

　ハイデッガー選集の第15巻の中に「放下」というタイトルの講演会の内容が掲載されています。この講演は1955年になされたものです。今から59

年前です。「放下」とは、「平穏さ」「落ち着き」という意味です。

　先ず彼は「現代人は思惟から逃走の最中に有るのであります」と注意しています。そして「ひとは、今始まりつつある時代を近頃、原始時代と名づけております」とも言っています。

　そのことを先ず言った後でハイデッガーは人間の思惟について、それは二種類あると言っています。一つは計算する思惟、もう一つは省察する追思惟です。計算する思惟は打算を廻らせます。計算する思惟はじっとしてはいないのであり、省察に沈潜することは決してない、と言い切ります。打算を考えて、次から次へと飛び回ると言います。ハイデッガーは先にも言ったように、現代人の計算する思惟は、事柄の意味を追思する思惟ではないと言うのです。そこで人間の事柄の意味を追思する思惟によって考えると、次のようなことが言えると語ります。

　「現代技術の内に覆蔵(ふくぞう)されている勢力、そういう勢力は、有るといえる事柄へ関わる人間の関わり合いを、規定しております。その勢力は地球全体を支配しております。人間は既に、地球を離れて宇宙の中へ突進することを、始めております。しかし原子力が極めて巨大な力源であり、近い将来あらゆる種類のエネルギーに対する世界の需要を永久に満たし得るほどの力源であるということが、知られるに至ったのは、漸(ようや)くここ20年前からのことであります。この新しいエネルギーを直接に調達することはやがて、石炭や石油の産出や森からとって来られる薪とは違って、もはや一定の国土や一定の大陸に限られなくなるでありましょう。近い将来に地球上のどの箇所にも原子力発電所が建設されるに至るでありましょう。」

　沈着冷静な思索による原子力発電の分析をハイデッガーは下しているのです。

　そして彼はかなり重要な問題を次のように警告しています。

　「我々は、この考える＜表象する＞ことが出来ない程大きな原子力を、一体如何なる仕方で制御し、操縦し、かくして、この途方もないエネルギーが突如として ― 戦争行為に至らなくても ― 何処かある箇所で檻を破って

脱出し、いはば«出奔»し、一切を壊滅に陥れるという危険に対して、人類を安全にして置くことが出来るか、という問いであります。」

　計算する打算的な勢力が生み出す原子力発電を、安全に制御することが出来るかどうかを冷静な思索は憂慮するのです。そして次のように嘆いています。

　「遙かに不気味なことは、人間がこのような世界の変動に対して少しも用意を整えていない、ということであり、私どもが、省察し思惟しつつ、この時代において台頭して来ている事態と、その事態に適わしい仕方で対決するに至るということを、未だ能くなし得ていない、ということであります。」

　原子力発電の設置という時代に対して、相応しい仕方で対決するに至っていないことをハイデッガーは憂慮しているのです。そして時代が生み出す信仰に対して現実的に苦悩を表しています。

　「いかなる個人も、いかなる人間の集団も、極めて有力な政治家たちや研究者たちや技術家たちをメンバーとせる如何なる委員会も、経済界や工業界の指導的人物たちの如何なる会議も、原子力時代の歴史的進行にブレーキをかけたり、その進行を意のままに操ったりすることは、出来ないのであります。単に人間的であるにすぎない組織は、いかなる組織でも、時代に対する支配を簒奪することは出来ないのであります。」

　ここでハイデッガーは、どのような組織も人間も原子力時代の進行にブレーキをかけることは出来ない、と憂慮するのです。

　もちろんハイデッガーは、技術的世界をすべて否定しているのではありません。しかし、彼が心配することは、技術的な対象物は、人間を挑発し、ますます高度な改良をなすべく迫ってくるということです。どのように危険な原子力発電も、改良すれば心配ないという囁きです。そうなると「私どもは、知らず知らずのうちに、諸々の技術的な対象物にきわめて固く繋ぎ着けられ、それらの奴隷の地位になり下がっているのであります」と分析します。

この偉大な哲学者は原子力発電について、以上のように冷静な考究でその危険性を警告しているのです。私たちは、この偉大なハイデッガーという哲学者の言葉を深く嚙みしめる必要があると思うのです。
　私はここまで「希望」と「祈り」について書いてきました。特にわが国で起きた原発の事故に対して、祈るような気持ちでハイデッガーの警告を重く受け止めて、その廃止を願う者の一人です。そして私たちの生き方、暮らし方を再考しながら、切なる祈り心を込めて原発に強く対峙していきたいと思います。しかも暗い気持ちではなく、常に「希望」を抱いて笑顔で立ち向かいたいと思います。「希望」を持って、祈り心を込めて進む道には必ず光が差し込んでくると思うからです。

　この章の冒頭に、この章では保育思想家たちの「助け合い」についての考えについては書かないと記しました。私たちは彼らが18世紀という大きな課題を抱えていた時に、子どもの立場に立って、子どもの育ちと幸せを考え、訴え「助け合いの精神」を実践した、その生き方から学びたいと思います。
　そういう意味では、現代の一つの大きな問題が原子力発電の問題であるとみて、今私は書きました。保育思想家たちの時代には存在しなかった緊急の課題として、原子力発電の問題を取り上げました。原子力発電の問題は、子どもたちの未来を大きく、しかも根底的に揺り動かす一大事であると考えるからです。

おわりにかえて

　私は、子どもたちが、生まれてきてよかった、生きていてよかった、といえるようになってほしいと思います。そのために私たち大人が子どもの幸せと育ちを深く考え、子どもと一緒に生きる道を着実に踏みしめなければなりません。未来は子どもたちが創造してくれるのです。この子どもたちに「希望」を繋いで、静かに、冷静に物事を見つめ、考えながら進むことだと思います。

　もう一つ、繰り返して書いてきたことですが、子どもたちに「いのち」を大切にし、「人を愛する」人間になってほしいと思います。「いのち」を大切にする子どもは戦争について、厳しい態度で臨むようになることでしょう。そして世界のあらゆる差別、争い、貧困、圧政、恐怖に対して立ち向かうことになるでしょう。そのためには親が、保育者が、大人が、「いのちを大切にする人間」にならなければならないと思っています。そのためにも未来の子どもたちに胸を張って生きる、「良心の充満する人間」となりたいものです。問われているのは私たち大人です。

謝辞

　この本は、実は版元の故 服部雅生前社長がご存命の時に企画されました。服部氏は、この企画を快く受け入れてくださいました。服部氏が生きておられる時に書き上げたいと思っておりましたが、残念ながら私の力不足で実現できませんでした。そしてこの度、前社長同様、現社長の服部直人氏の温かい眼差しの中でやっと出版にたどりつくことが出来ました。私のわがままを忍耐強く受け止めてくださった両氏に、そして、困難な編集の労をとってくださいました島田祐喜子氏、金丸浩氏に心から感謝申し上げる次第です。このような機会を与えてくださったことに対しまして、感謝の言葉が見当たりません。今回の執筆をよいきっかけとして、これからの生き方に繋げていきたいと念じております。

引用・参考文献

(保育思想家の本は章をまたいで引用していますが、まとめて第1章に紹介しました。)

1章

- 吉本隆明・笠原芳光『思想とはなにか』春秋社, 2006
- ルソー／今野一雄 訳『エミール(上)』岩波書店, 1962 『エミール(中)』1963 『エミール(下)』1964
- ルソー／桑原武夫・前川貞次郎 訳『社会契約論』岩波書店, 1954
- ルソー／桑原武夫 訳『告白(上)(中)』岩波書店, 1965 『告白(下)』1966
- ルソー／本田喜代治・平岡昇 訳『人間不平等起源論』岩波書店, 1972
- E．ファゲ／高波秋 訳『考える人・ルソー』ジャン・ジャック書房, 2009
- ルソー／平岡昇 編訳『自然と社会』白水社, 1999
- 桑原武夫『ルソー研究第2版』岩波書店, 1968
- 川合清隆『ルソーの啓蒙哲学：自然・社会・神』名古屋大学出版会, 2002
- 押村襄『ルソー（世界思想家全書）』牧書店, 1964
- 稲富栄次郎『ルソオの教育思想』福村書店, 1954
- 田中未来『『エミール』の世界』誠文堂新光社, 1992
- ペスタロッチー／長田新 訳『隠者の夕暮・シュタンツだより』岩波書店, 1993
- ハインリヒ・モルフ／長田新 訳『ペスタロッチー傳 第5巻』岩波書店, 194
- 片山忠次『ペスタロッチ幼児教育思想の研究』法律文化社, 1984
- 乙訓稔『ペスタロッチと人権：政治思想と教育思想の連関』東信堂, 2003
- 長田新 編『ペスタロッチー全集 第13巻』平凡社, 1960
- フレーベル／荒井武 訳『人間の教育(上)(下)』岩波書店, 1964
- フレーベル／長田新 訳『フレーベル自伝』岩波書店, 1949
- 荘司雅子『フレーベル「人間教育」入門』明治図書出版, 1973
- 荘司雅子『フレーベルの教育學』柳原書店, 1944
- フレーベル／岩崎次男 訳『幼児教育論』明治図書出版, 1972
- フレーベル／熊谷周子 編『母の歌と愛撫の歌』ドレミ楽譜出版社, 1991
- O. F ボルノウ／岡本英明 訳『フレーベルの教育学：ドイツ・ロマン派教育の華』理想社, 1973
- R. ボルト，W. アイヒラー／小笠原道雄 訳『フレーベル 生涯と活動』玉川大学出版部, 2006

- オーエン／渡辺義晴 訳『社会変革と教育』明治図書出版，1963
- オーエン／斎藤新治 訳『性格形成論：社会についての新見解』明治図書出版，1974
- オーエン／五島茂 訳『オウエン自叙伝』岩波書店，1961
- 乙訓稔『西洋近代幼児教育思想史：コメニウスからフレーベル』東信堂，2005
- 天野知恵子『子どもと学校の世紀：18世紀フランスの社会文化史』岩波書店，2007
- 浅野啓子・佐久間弘展『教育の社会史：ヨーロッパ中・近世』知泉書館，2006
- 世界教育史研究会 編『世界教育史大系12』講談社，1977
- 新改訳聖書刊行会 訳『聖書』いのちのことば社，1970
- 藤田苑子『フランソワとマルグリット：18世紀フランスの未婚の母と子どもたち』同文舘出版，1994

2章

- 竹﨑孜『スウェーデンはなぜ生活大国になれたのか』あけび書房，1999
- 本林靖久『ブータンと幸福論：宗教文化と儀礼』法藏館，2006
- 長坂寿久『オランダモデル：制度疲労なき成熟社会』日本経済新聞社，2000
- 大石繁宏『幸せを科学する：心理学からわかったこと』新曜社，2009
- アラン／石川湧 訳『幸福論』角川書店，1951
- ショーペンハウアー／橋本文夫 訳『幸福について：人生論』新潮社，1973
- ヘルマン・ヘッセ／高橋健二 訳『幸福論』新潮社，1977
- ヒルティ／斎藤栄治 編『幸福論』白水社，1962
- 三谷隆正『幸福論』岩波書店，1992
- アンドレ・コント＝スポンヴィル／木田元・小須田健・C.カンタン 訳『幸福は絶望のうえに』紀伊國屋書店，2004
- スーザン・C・セガストローム／荒井まゆみ 訳『幸せをよぶ法則：楽観性のポジティブ心理学』星和書店，2008
- アーサー・ドブリン／坂東智子 訳『幸福の秘密：失われた「幸せのものさし」を探して』イースト・プレス，2011
- 鈴木秀子『幸福の答え』海竜社，2011
- 田中理恵子『平成幸福論ノート：変容する社会と「安定志向の罠」』光文社，2011

- セネカ／樋口勝彦 訳『幸福なる生活について：他一篇』岩波書店，1952
- 佐伯啓思『反・幸福論』新潮社，2012
- O. F. ボルノー／須田秀幸 訳『実存主義克服の問題：新しい被護性』未來社，1969
- ペスタロッチー／皇至道 訳「幼児教育の書簡」長田新 編『ペスタロッチー全集 13』平凡社，1960

3章

- 柴田純『日本幼児史：子どもへのまなざし』吉川弘文館，2013
- 野上暁『子ども学その源流へ：日本人の子ども観はどう変わったか』大月書店，2008
- 牧陽子『産める国フランスの子育て事情：出生率はなぜ高いのか』明石書店，2008
- パウロ・フレイレ／里見実 訳『希望の教育学』太郎次郎社，2001
- 森田裕之『ドゥルーズ＝ガタリのシステム論と教育学：発達・生成・再生』学術出版会，2012
- 柏木惠子『子どもという価値：少子化時代の女性の心理』中央公論新社，2001
- アドルフ・ポルトマン／高木正孝 訳『人間はどこまで動物か：新しい人間像のために』岩波書店，1961
- 矢野智司『意味が躍動する生とは何か：遊ぶ子どもの人間学』世織書房，2006
- 矢野智司『子どもという思想』玉川大学出版部，1995
- カリール・ジブラン／船井幸雄 監訳・解説『預言者』成甲書房，2009
- フィリップ・アリエス／杉山光信・杉山恵美子 訳『＜子供＞の誕生：アンシァン・レジーム期の子供と家族生活』みすず書房，1980
- フイリップ・アリエス／中内敏夫・森田伸子 編訳『「教育」の誕生』藤原書店，1992
- 長谷川まゆ帆『女と男と子どもの近代』山川出版社，2007
- 木田元『偶然性と運命』岩波書店，2001
- 竹内啓『偶然とは何か：その積極的意味』岩波書店，2010
- 小西行郎、遠藤利彦 編『赤ちゃん学を学ぶ人のために』世界思想社，2012
- 檜垣立哉『子供の哲学：産まれるものとしての身体』講談社，2012
- 森田伸子『子どもと哲学を：問いから希望へ』勁草書房，2011

- 山下恒男『反発達論：抑圧の人間学からの解放』現代書館，2002
- 矢野智司『自己変容という物語：生成・贈与・教育』金子書房，2000
- 上野千鶴子『女という快楽』勁草書房，1986
- M. J. ランゲフェルド／和田修二 監訳『よるべなき両親：教育と人間の尊厳を求めて』玉川大学出版部，1980
- サラ・ジェームズ，トルビョーン・ラーティー／高見幸子 監訳・編『スウェーデンの持続可能なまちづくり：ナチュラル・ステップが導くコミュニティ改革』新評論，2006
- レグランド塚口淑子 編『「スウェーデン・モデル」は有効か：持続可能な社会へむけて』ノルディック出版，2012
- 矢野智司『贈与と交換の教育学：漱石、賢治と純粋贈与のレッスン』東京大学出版会，2008
- M. J. ランゲフェルド／和田修二 訳『教育の人間学的考察』未來社，1966
- スティーヴン・ボーリシュ／福井信子 監訳『生者の国：デンマークに学ぶ全員参加の社会』新評論，2011
- ロバート・ローラー／長尾力 訳『アボリジニの世界：ドリームタイムと始まりの日の声』青土社，2003
- 月尾嘉男『先住民族の叡智』遊行社，2013
- エリーズ・ボールディング／松岡享子 訳『子どもが孤独でいる時間』こぐま社，1988
- J. ロック／大槻春彦 訳「人間知性論」大槻春彦 責任編集『世界の名著 27 ロック ヒューム』中央公論社，1968
- 倉田百三『愛と認識との出発』岩波書店，2008

4章

- 谷川俊太郎・徳永進『詩と死をむすぶもの：詩人と医師の往復書簡』朝日新聞出版，2008
- レイチェル・カーソン／上遠恵子 訳・森本二太郎 写真『センス・オブ・ワンダー』新潮社，1996
- 河野勝彦『環境と生命の倫理』文理閣，2000
- 舩橋晴俊・飯島伸子『環境』東京大学出版会，1998
- 間瀬啓允『生命倫理とエコロジー』玉川大学出版部，1998

- 高橋隆雄『生命・環境・ケア：日本的生命倫理の可能性』九州大学出版会，2008
- 福島政雄『ペスタロッチの社會觀』福村書店，1956
- 池田善昭 編『自然概念の哲学的変遷』世界思想社，2003
- 山内廣隆・手代木陽・岡本裕一朗・上岡克巳・長島隆・木村博『環境倫理の新展開』ナカニシヤ出版，2007
- 高田純『環境思想を問う』青木書店，2003
- 西川富雄『環境哲学への招待：生きている自然を哲学する』こぶし書房，2002
- 広井良典 編『「環境と福祉」の統合：持続可能な福祉社会の実現に向けて』有斐閣，2008
- ペスタロッチ／田尾一一 訳『リーンハルトとゲルトルート』玉川大学出版部，1964
- ロデリック・F. ナッシュ／松野弘 訳『自然の権利：環境倫理の文明史』ミネルヴァ書房，2011
- 德永哲也『はじめて学ぶ生命・環境倫理：「生命圏の倫理学」を求めて』ナカニシヤ出版，2003
- 井頭昌彦『多元論的自然主義の可能性：哲学と科学の連続性をどうとらえるか』新曜社，2010
- コンラート・オット，マルチン・ゴルケ 編著／滝口清栄 監訳『越境する環境倫理学：環境先進国ドイツの哲学的フロンティア』現代書館，2010
- 寺尾五郎『「自然」概念の形成史：中国・日本・ヨーロッパ』農山漁村文化協会，2002
- 亀井伸孝『森の小さな＜ハンター＞たち：狩猟採集民の子どもの民族誌』京都大学学術出版会，2010
- 岡本富郎『子どものいじめと「いのち」のルール：いのちから子育て・保育・教育を考える』創成社，2009
- ペスタロッチ／鯵坂二夫 訳『ペスタロッチ全集 第三巻：ゲルトルートは如何にしてその子等を教うるか』玉川大学出版部，1952
- ペスタロッチ／虎竹正之 訳『ペスタロッチ全集 第六巻：人類の発展における自然の歩みについてのわたしの探究』玉川大学出版部，1966
- クロード・レヴィ＝ストロース／大橋保夫 訳『野生の思考』みすず書房，1976
- エベリン・ウォルフソン／北山耕平 訳『アメリカ・インディアンに学ぶ子育ての原点』アスペクト社，2003

- マルティン・ハイデッガー／細谷貞雄・亀井裕・船橋弘 訳『ハイデッガー選集 16－17 第16 存在と時間』理想社，1963
- 森岡正博『生命学に何ができるか：脳死・フェミニズム・優生思想』勁草書房，2001
- 森岡正博『生命学への招待：バイオエシックスを超えて』勁草書房，1988
- アルベルト・シュヴァイツァー／竹山道雄 訳『わが生活と思想より』白水社，2011
- プラトン／藤沢令夫 訳『パイドロス』岩波書店，1967

5章

- 西澤哲『子ども虐待』講談社，2010
- 香山リカ『母親はなぜ生きづらいか』講談社，2010
- 柏木惠子『親と子の愛情と戦略』講談社，2011
- 石川結貴『ルポ 子どもの無縁社会』中央公論新社，2011
- 原丈人『新しい資本主義：希望の大国・日本の可能性』PHP研究所，2009
- 内田義彦『資本論の世界』岩波書店，1966
- マルセル・モース／有地亨 訳『贈与論』勁草書房，1962
- C・バーランド，マリオン・ウッド 編／松田幸雄 訳『アメリカ・インディアン神話』青土社，1990
- 暉峻淑子『助けあう豊かさ』フォーラム・A，2011
- 暉峻淑子『豊かさとは何か』岩波書店，1989
- 藤田文子『Love! You Receive More Than You Give!：アシュラムの夢を追い求めて』文芸社，2000
- 小熊英二『社会を変えるには』講談社，2012
- ボルノー／峰島旭雄 訳『実存哲学と教育学』理想社，1966
- 棚次正和『祈りの人間学：いきいきと生きる』世界思想社，2009
- 安渓遊地 編著『西表島の農耕文化：海上の道の発見』法政大学出版局，2007
- マルティン・ハイデッガー／辻村公一 訳『ハイデッガー選集 15 放下』理想社，1963
- マルセル／竹下敬次・伊藤晃 訳『マルセル著作集 3 拒絶から祈願へ』春秋社，1968
- マルセル／渡辺秀・広瀬京一郎 共訳『存在と所有』理想社，1957

- ハーマン・E・デイリー／新田功・藏本忍・大森正之 訳『持続可能な発展の経済学』みすず書房，2005
- 吉田文和・荒井眞一・深見正仁・藤井賢彦『持続可能な未来のために：原子力政策から環境教育、アイヌ文化まで』北海道大学出版会，2012
- 深井慈子『持続可能な世界論』ナカニシヤ出版，2005
- 恩田守雄『互助社会論：ユイ、モヤイ、テツダイの民俗社会学』世界思想社，2006
- ドネラ・H・メドウズ，デニス・L・メドウズ，ジャーガン・ラーンダズ，ウィリアム・W・ベアランズ三世／大来佐武郎 監訳『成長の限界：ローマ・クラブ「人類の危機」レポート』ダイヤモンド社，1972
- セルジュ・ラトゥーシュ／中野佳裕 訳『経済成長なき社会発展は可能か？：「脱成長（デクロワサンス）」と「ポスト開発」の経済学』作品社，2010
- セルジュ・ラトゥーシュ／中野佳裕 訳『「脱成長」は、世界を変えられるか？：贈与・幸福・自律の新たな社会へ』作品社，2013
- 広井良典『生命の政治学：福祉国家・エコロジー・生命倫理』岩波書店，2003
- 柄谷行人『世界史の構造』岩波書店，2010
- 柄谷行人『「世界史の構造」を読む』インスクリプト，2011
- 立岩真也・齊藤拓『ベーシックインカム：分配する最小国家の可能性』青土社，2010
- ムハマド・ユヌス／猪熊弘子 訳『貧困のない世界を創る：ソーシャル・ビジネスと新しい資本主義』早川書房，2008
- 鶴見済『脱資本主義宣言：グローバル経済が蝕む暮らし』新潮社，2012
- 中沢新一『野生の科学』講談社，2012
- 中沢新一・國分功一郎『哲学の自然』太田出版，2013
- 内田樹・中沢新一『日本の文脈』角川書店，2012
- 水野和夫・大澤真幸『資本主義という謎：「成長なき時代」をどう生きるか』NHK出版，2013
- 千葉忠夫『格差と貧困のないデンマーク：世界一幸福な国の人づくり』PHP研究所，2011
- 大澤真幸『ナショナリズムの由来』講談社，2007
- ヴィクトール・E・フランクル／霜山德彌 訳『夜と霧：ドイツ強制収容所の体験記録』みすず書房，1961

- 児玉龍彦『内部被曝の真実』幻冬舎，2011
- 小出裕章『原発のウソ』扶桑社，2011

【著者紹介】

岡本富郎（おかもととみお）

1944年、東京都生まれ。

早稲田大学教育学部教育学科卒業。早稲田大学大学院博士課程修了。

白梅学園短期大学教授、早稲田大学教育学部・人間科学部非常勤講師、明星大学教育学部教授を経て、現在は明星大学名誉教授。専門は幼児教育学、教育学。

【主な著書】

『乳幼児保育の原理』（共著）小林出版、1982／『現代の人間形成と教育―その理想と生き甲斐の探求』（共著）川島書店、1982／『現代の教育を問う』（共著）小林出版、1982／『これからの教育原理』（共著）相川書房、1983／『教育原理』（共著）福村出版、1983／『子どもの生活と保育の歴史』（共著）川島書店、1984／『子どもの生活』（共著）相川書房、1984／『保育入門』（共著）小林出版、1984／『子ども概論』（共著）蒼丘書林、1986／『保育とはどんなことか：その営みと反省と展望』（共著）川島書店、1988／『新保育原理』（共著）萌文書林、1989／『For the child：保育者養成を考える』（共著）蒼丘書林、1994／『教育と学校を考える』（共著）勁草書房、1995／『声なき叫びが聞こえますか』（単著）いのちのことば社、2000／『子どものいじめと「いのち」のルール：いのちから子育て・保育・教育を考える』（単著）創成社、2009／『初等教育課程入門』（共著）明星大学出版部、2011／『保育者のための教育と福祉の事典』（共編著）建帛社 2012　他多数

保育の思想を学ぼう
── 今、子どもの幸せのために
〜ルソー、ペスタロッチー、オーエン、フレーベルたちの跡を継いで〜

2014年10月31日　初版第1刷発行
2023年 1月23日　初版第4刷発行

Ⓒ 著者　岡本富郎
発行者　服部直人
発行所　株式会社萌文書林
〒113-0021　東京都文京区本駒込6-15-11
Tel.03-3943-0576　Fax.03-3943-0567
https://www.houbun.com/
info@houbun.com
DTP,装丁・本文デザイン　大村はるき
印　刷　大村紙業株式会社
ISBN978-4-89347-206-9

＊乱丁・落丁本はお取り替えいたします。＊定価はカバーに表示されています。
＊本書の内容の一部または全部を無断で複写（コピー）することは、法律で認められた場合を除き、著作権者及び出版社の権利の侵害になります。
＊本書からの複写をご希望の際は、予め小社宛に許諾をお求めください。